JN298319

京都鴨川探訪

絵図でよみとく文化と景観

西野由紀
鈴木康久 編

人文書院

はじめに

かの白河上皇は、みずからの権力をもってしても意のままにならぬものとして、比叡山の僧兵、双六の賽《さい》の目、そして鴨川の流れをあげたといわれている。この鴨川の流れは、京都盆地の中心に都が遷されて以来、流域に住む人びとに脅威をもたらしてきた。ひとたび増水すれば決壊し、周辺の町は浸水した。両岸をつなぐ橋は流され、人びとの生活はたちまち支障をきたす。仮に再建しようとしても、経済的負担が大きくのしかかる。ときの権力者でさえ、川をコントロールすることはできなかったのである。

一方で、鴨川の流れは恵みをもたらしてもくれる。四方を山に囲まれ、海から遠く離れたこの地に住む人びとにとって、川で獲れる魚は貴重なたんぱく源となった。盆地であるがゆえに、夏期の蒸し暑さは相当であったと想像される。涼やかな川風と清らかな流れをもとめて、人びとは岸に集った。冬期にはその低い水温を利用して、川中で布を晒《さら》す。また、豊かな流れは交通の手段ともなりうる。ときには旅人の足となり、ときには重量のある物資を軽々と運ぶ。脅威を差し引いてもあまりある恩恵が、人びとを引きよせ、町を形成する原動力になったのである。

江戸時代の鴨川の流れもまた、しばしば水害を引きおこし、主要な橋を流失させた。滝沢馬琴は、京にのぼった際、水害の爪あとを目の当たりにしている。にもかかわらず、「京によきもの」として「女子、加茂川の水、寺社」をあげている。諸刃の川は、京の人、他郷の人を分かたず、恵みの川、都の象徴ととらえられていたのである。

ところで、「名所図会《めいしょずえ》」や「名勝図会《めいしょうずえ》」という名を冠する図書が、江戸時代後期から明治時代半ばにかけて、多数に出版された。地誌というジャンルに分けられるもので、諸都市、諸地方の「名所図会」がつくられた。本書で紹介する『淀川両岸一覧《よどがわりょうがんいちらん》』は「名所図会」という名ではないが、内容はほぼ同様の形式で編集されている。しかし、多くの「名所図会」がモノクロであるのに対し、『淀川両岸一覧』は淡色刷りでより実景に近い挿絵を載せている。したがって、これらの挿絵をとおして、同書が出版された幕末期にはあったが現在では失われてしまった風景を知ることはもとより、現在も残る名所旧跡と比較しつつ景観の変遷を知ることができるのだ。

千年以上にもわたる鴨川と人びとのくらしを概観し、都の象徴でもあったこの川とわれわれが未来に向けてどのようにかかわっていくべきか考えるきっかけをつくりたい。概観といっても、文字だけでなく図像資料を多く盛りこみ、かつての鴨川の流れを想起するための一助としたい。本書を手にした読者に、編著者のこのような目論見がすこしでも伝われば幸いである。

西野由紀

◆目次◆

3

伏見〜淀

Ⅲ　移りゆく鴨川の流れとその眺め

I 鴨川　千年の流れ

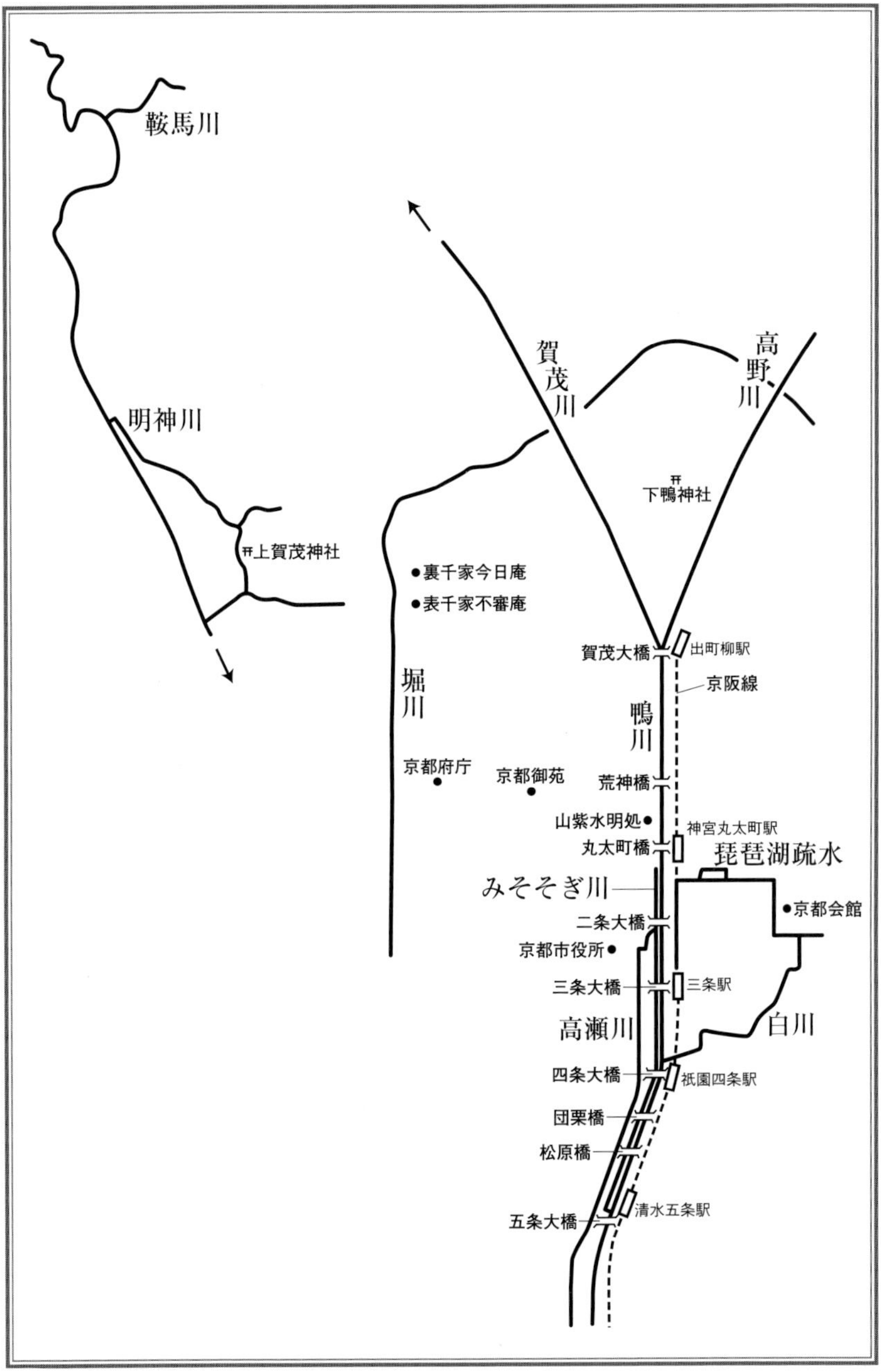
鞍馬川
明神川
上賀茂神社
賀茂川
高野川
下鴨神社
裏千家今日庵
表千家不審庵
堀川
賀茂大橋
出町柳駅
京阪線
鴨川
京都府庁
京都御苑
荒神橋
山紫水明処
神宮丸太町駅
丸太町橋
琵琶湖疏水
みそそぎ川
京都会館
二条大橋
京都市役所
三条大橋
三条駅
高瀬川
白川
四条大橋
祇園四条駅
団栗橋
松原橋
清水五条駅
五条大橋

鴨川と京都人のかかわり

かもがわ

東京方面から来た東海道新幹線が京都駅のホームに到着する手前で、スピードを落とす。その時、車窓から雄大な表情の鴨川の流れを望める。京都市内で生まれ育った人ならば、この風景にさしかかった瞬間、「京都に帰ってきた」とやすらぎを感じる人が多いのではないだろうか。京都に愛着をもち、故郷を長く離れて暮らしていればいるほど、新幹線で鴨川を渡る、この場面に安堵感を覚える人が多いと思う。ほっとすると同時に、鴨川は私にとってなくてはならない川、すなわち、家族のような存在なのだと気づかされる。淀みのない流れと、それを支える、高い建物に遮られることのない広い空。都市の中心部を流れる河川で、これほど美しい川はないと思う。

子供のころ、夏が近づくと、魚を追いかけ、牛乳パックでつくった船を浮かべた。そしてバスに乗り、父と鴨川の源流をたどった。学生時代は友人との語らいの場として、そして今は息子たちの遊び場、家族にとっての癒しの場所になり、この川とは世代を超えたお付き合いになっている。京都で暮らす人ならば、鴨川と息の長いかかわりをもっている人は多いと思う。

賀茂大橋からみた鴨川（写真左）と高野川の合流点

鴨川という河川は、京都市の北東部から南西方向に流れて市内の中心部に入ってそのままほぼまっすぐに南下し、途中、みそぎ川、高瀬川、現在は川端通に沿って一部が暗渠《あんきょ》となった琵琶湖疏水《そすい》と並行して南へ流れる。京都市の南部に入ってからは、流路を西南に変え、伏見区の下鳥羽において桂川に注ぐ、源流からは全長約三三キロ、流域面積二〇八平方キロメートルの一級河川だ。京都府が管理する河川の中では、桂川、由良《ゆら》川、土師《はぜ》川についで四番目に大きな流域面積の河川となる。「鴨川」という表記は、弘仁五（八一四）年の『日本紀略』に書かれたのが古い。文学や歴史にも登場し、平安京遷都以前の太古から現在まで少なくても千二百年以上も京都の中心部を流れている。

鴨川は、京阪電鉄出町柳《でまちやなぎ》駅近くに位置する賀茂大橋の北で、高野川と合流する。鴨川の表記は、慣例として、合流より上流を「賀茂川」とし、それより下流を「鴨川」とあらわす。河川法上の表記は唯一、「鴨川」だけなのだが、賀茂大橋より上流にある、行政が設置した看板でも「鴨川（賀茂川）」と併記されており、古くから定着した名称を尊重したかたちになっている。しかし、この本では上流についての記述に際しても、便宜上、「鴨川」に統一する。古地図を見ると、鴨川の表記は、「かもがわ」の音を当てた「加茂川」となっているものもある。橋の名称は「賀茂大橋」だが、近くを走る京都バスのバス停の表記は「加茂大橋」となっていて、なんともややこしい。なお、

「賀茂川」という表記は、奈良時代の地誌『山城国風土記《やましろのくにふどき》』に初めて登場し、古称を「石川の瀬見の小川」ともいったようだ。

鴨川の流れを北からおおまかにたどってみる。上流域は、北山杉が流域に植えられ、今も針葉樹と広葉樹に覆われて自然が豊かな土地だ。北山杉は、高級建築材として知られ、室町時代から茶室や数寄屋に重用されたことで知られる。

中流域では、岸辺に江戸時代の儒学者である頼山陽《らいさんよう》が、書斎である山紫水明処《さんしすいめいしょ》を設けたほど、今も辺りの景観がすばらしい。書斎は、鴨川に面しており、なだらかな東山三十六峰を一望に眺められたので、そう名づけられた。藁《わら》葺き、平屋の簡素な佇まいで、鴨川べりの湿気に耐えられるように、屋根や軒裏、縁側、床下には堅い栗材が用いられている。鴨川に架かる丸太町橋に上流を向いて立つと、左側に建つ山紫水明処を見ることができる。

山紫水明処、手前は鴨川

京都市は、北山や東山の山麓から南側に向かって形作られた扇状地で、過去には何度も河川の氾濫にみまわれた。だが、護岸整備の成果もあり、一九三五（昭和一〇）年の洪水を最後に、大きな水害は起きていない。この街には、水害との闘いの歴史も刻まれている。水害対策として河川敷が整備される前、すなわち昭和の初めまでは、この書斎の下の石垣を洗うように約五メートル幅の清流が流れていて、対岸には柳が多かったという。

鴨川は現在、整然と河道の中央を流れているが、河川敷が整備されていない時代は、両岸に形成された河原の間に複数の細い流れがあった。高瀬川の開削にあたってはその流れのひとつが利用された。

夏の風物詩である納涼床《のうりょうゆか》、出雲の阿国《おくに》の歌舞伎といった特有の文化が生まれたのもこの鴨川からだった。下流域ではかつて、水の豊かな自然の地形を利用して鳥羽離宮が造られた。流域によってさまざまな風景を楽しめるのがこの河川の魅力のひとつだと思う。

鴨川と京都人

京都人は、なにかとこの鴨川の話題に〝敏感〟だ。

京都で暮らす人々にとって、この川は、自分の時間を費やして侃々諤々《かんかんがくがく》と意見をたたかわすだけの価値がある、かけがえのない存在なのだと思う。街中を流れるひとつの川をめぐって、住民がそこまで熱くなる、というのがなんとも京都らしくて好きだ。鴨川が〝京都の顔〟といわれるゆえんである。

そんなエピソードを少し紹介しよう。

近年、鴨川上流にダムを建設する計画がもちあがったことがあった。

鴨川を管理する京都府が百年に一度の洪水に備えるため、一九八七年から検討を進めた鴨川改修計画の一環で、三条大橋から七条大橋までの二・三キロの河床を掘り下げて最大流量をこれまでの流量の二・五倍にし、さらに、上流で流量を調節するためダムの建設をしようとした計画のことだ。結果は、有識者や地元住民を中心とした反対運動の高まりを受け、京都府は建設を断念した。

また、京都市とパリ市の友情盟約締結四〇周年と、「日本におけるフランス年」（いずれも一九九八年）の記念事業として、京都市が一九九六年、三条大橋—四条大橋間に鴨川芸術橋を架けようとした問題で、市民、有識者から「鴨川に外国の橋はいらない」「京都の景観破壊につながる」と議論が白熱したことも記憶に新しい。京都市は一九九八年、計画を白紙に戻した。

鴨川の中州をめぐってもさまざまな意見がある。

かつての鴨川の姿を知る人にとっては、整然と流れていた流路に近年、上流から流れ出た土砂がたまって出来る中州が増えたことに気づかれたことと思う。京都府は毎冬、野鳥の増加を懸念して草刈りや土砂の除去をしていたが、自然保護団体などから工事に疑問の声が上がり、最近は自然保護のために中州の草刈りもせず自然のままにしていた。しかし、中州を残すことで野鳥が増えすぎたり、ごみがたまったりするとの意見もあり、京都府は二〇〇九年末から、柊野堰堤《ひいらぎのえんてい》（京都市北区）から七条大橋（同市下京区、東山区）までの鴨川中流域で、堆積していた中州を取り除く大規模な工事を始めた。

悠久の流れ、鴨川をたどる

京都に暮らす人々の心をとらえる鴨川とはどんな河川なのか。

鴨川の水源は、京都市の北部に位置する桟敷ケ岳《さじきがたけ》に発する。桟敷ケ岳は、京都市北区の雲ケ畑《くもがはた》の北西にある標高八九五・八メートルの山である。桟敷ケ岳は、京都市左京区と滋賀県大津市の境にある比叡山より四八メートル高い。

鴨川の源流をたどる場合、京都市内の郊外に路線をもつ京都バスを利用すると、終点の岩屋橋《いわやばし》で下車

鴨川の源流のひとつである祖父谷川

し、あとは徒歩になる。岩屋橋は、鴨川の源流のひとつにあたる祖父《そふ》谷《たに》川にかかる小さな橋で、橋を渡り、北西方向に向かうと、志明院《しみょういん》がある。この寺は、淳和《じゅんな》天皇の勅願で空海が自ら彫ったといわれる不動明王を本尊としてまつる。歌舞伎十八番のひとつ、「鳴神《なるかみ》」に登場する鳴神上人が、龍神を閉じこめたところといわれる。

車の場合、この岩屋橋までは京都市内の中心部から約一時間の距離だ。山間部を流れる渓流の瀬音を聞きながら新鮮な空気が味わえる雲ケ畑周辺はサイクリングコースとしても非常に人気が高い。雲ケ畑は、平安京の造営に必要な材木を出し、明治維新までは仙洞《せんとう》御所領、明治中期には皇室の猟場だった。

流路をみると、祖父谷川と雲ケ畑岩屋川が合流後、出合橋で中津川と合わさり、そこから鴨川という名称になる。その後、雲ケ畑長谷川、栗夜叉《くりやしゃ》川、氷室川などと合流。山幸橋の下流で鞍馬川が流れこむあたりから、水量も増える。鞍馬川は、花背《はなせ》峠あたりに水源をもち、くらま温泉、鞍馬寺の最寄り駅である叡山電鉄鞍馬駅近くを流れる川で、鞍馬川の上流で取れる鞍馬石は庭石として有名だ。貴船口《きぶねぐち》駅で貴船川を、その後、静原川を合わせて、鴨川との合流地点である十三《じゅうさん》石《ごく》橋へと流れる。貴船川は毎夏、川床《かわどこ》がにぎわう。川の上に張り出した床几《しょうぎ》で、涼を求める人びとが食事を楽しむ。このように、鴨川の支川には京都の歴史や文化に欠かせない河川が多くある。

鴨川は、鞍馬川との合流後、桧谷《ひのきだに》川、若狭川と合わさり、市内中心部をめざして流れていく。合流して河川が成長していくばかりではない。鴨川は、ほかの川の貴重な水源でもある。そのひとつが明神川だ。

鴨川の柊野堰堤の少し下流で取水された明神川の水は、上賀茂神社で御手洗川《みたらし》、御物忌川《おものい》と合流し、奈良の小川と名前を変えて、境内を出ると、ふたたび明神川という名称となり、社家町《しゃけまち》を東へ流れ、最後は農業用水として用いられる流路と、ふたたび鴨川に水を戻す流路に分かれる。鴨川の水の一部は、上賀茂神社の神聖な水として、境内を流れ、農業用水としても重要な役割を果たす。

鴨川は、中流部の賀茂大橋の北で、高野川と合流する。高野川は、京都市左京区と滋賀県大津市との境にある途中越《とちゅうごえ》付近から、三千院で知られる大原を通り、福井県の若狭に通ずる、通称「鯖《さば》街道」に沿って流れる。この合流地点の北には鴨川、高野川それぞれに飛び石が置かれ、大人も子供も利用している。鴨川をたどると、荒神橋《こうじん》や二条大橋近くにも飛び石があり、亀や千鳥、屋形船の形をしたこの飛び石を渡るのも面白い。

荒神橋の近くにある鴨川の飛び石

鴨川は、みそそぎ川、高瀬川の水源でもある。みそそぎ川は夏に納涼床が並ぶ光景が有名だ。そして、高瀬川は、安土桃山時代から江戸時代初期の豪商である角倉了以《すみのくらりょうい》（一五五四〜一六一四）と長男の素庵《そあん》が開削し、森鷗外の小説「高瀬舟」の舞台にもなった。

賀茂大橋の下流の西岸で、みそそぎ川の水源となり、そのみそそぎ川は暗渠のまま流れ、丸太町橋の南で顔をみせた後、二条大橋の南で、今度は高瀬川の水源となる。みそそぎ川は鴨川と並行して五条大橋まで流れ、ふたたび鴨川に水を戻す。毎年五月から九月までの間、京都の風物詩である納涼床がある。もともとは鴨川に床几をおいて涼をとっていたのだが、鴨川の流れが激しい時は危険がともなうため、現在、床はみそそぎ川の上に建てられている。

一方の高瀬川は、現在は飲食店になっている、角倉了以の邸宅跡を悠々と流れた後、木屋町通に出て、通り沿いを南下し、河原町十条の東にある陶化《とうか》橋の北でふたたび、鴨川に合流する。高瀬川はかつて、伏見と京都を結ぶ経済の大動脈であり、浅瀬で水運に不向きだった鴨川に代わって、角倉了以が開削した河川として、いまも市民から愛されている。

みそそぎ川の取水口

みそそぎ川は、丸太町橋の南で開渠となる

五条大橋の北で鴨川と合流するみそそぎ川

地図をみると、鴨川の西をみそそぎ川が、さらにその西を高瀬川が並行して南をめざして流れている様子がわかる。それぞれに川の顔が異なり、川歩きをすると、その違いの面白さに気づく。

鴨川は中流部に入ると、直線的な河道に整備され、両岸に丸みをもたせた石積みの護岸がある。河川敷も公園整備がはかられ、憩いの場となっている。四条大橋の北で白川を、五条大橋の北でみそそぎ川と合流する。

下流部は、七条大橋あたりから、これまでの掘込《ほりこみ》河川から堤防を築いた築堤《ちくてい》河川に変わっていき、緩やかな流れ、おだやかな表情をみせる。河原町十条の東にある陶化橋の北で高瀬川を合わせ、さらに下流で堀川、西高瀬川と合流し、桂川にそそぐ。

二条大橋の南でみそそぎ川は高瀬川と分かれる

川歩きをしていると気づきにくいが、鴨川は、都市河川としては急峻な流れとなっている。京都市の北部にある北山通と、南部の九条通に面する、木造の建築物としては日本で一番高い東寺の五重塔（約五五メートル）の高さがほぼ同じであることを知ると、京都市内を貫通する鴨川の流れがいかに急であるかをおわかりいただけると思う。

ちなみに、河床のこう配は上流部で一〇〇分の一、つまり一〇〇メートル下流において一メートル低くなるというわけだ。中流部は三五〇分の一、下流部は六〇〇分の一となり、平均では二〇〇分の一である。

文化を生みだす源

平安時代後期の歴史書『日本紀略』に、鴨川で禊事《みそぎ》が行われたという記録がある。また、紫式部が書いた平安時代中期の『源氏物語』には、喪に服した平安貴族が除服《じょぶく》の禊に鴨川の河原へ行ったことが書かれており、鴨川は神聖な川として尊ばれ、古代は禊の川として重んじられたことが想像できる。平安時代初期の歴史書『続《しょく》日本紀』には、上賀茂神社と下鴨神社があるにもかかわらず、鴨川の上流で鹿の死体を洗うものがいるので、動物処理などで川を汚すことを禁ずる、と記されており、鴨川を清浄に保つことが求められていたのがわかる。

現在整備されている河川敷は、かつて河原だった。現在、御池《おいけ》大橋あたりから団栗《どんぐり》橋あたりまでの河川敷に腰をおろすカップルやグループが一定間隔でずらりと並ぶことは「鴨川の等間隔の法則」として知られるが、河川敷に人が集まる現象は平安京のころも変わらなかった。河原は人びとが集まるため、落書《らくしょ》の掲出地でもあった。落書は、政治や社会や人物などを批判、風刺した匿名の文書のことだ。なかでも、歴史の教科書に出てくる二条河原落書は有名だ。書かれたのは、建武元（一三三四）年のことだった。

此比《このごろ》都ニハヤル物　夜討強盗謀綸旨《ようちごうとうにせりんじ》〔中略〕生頸還俗《なまくびげんぞく》自由出家〔中略〕下克上《げこくじょう》スル成出者《なりでもの》　器用ノ堪《かん》否沙汰《ぴさた》モナク　モルル人ナキ決断所《けつだんしょ》〔中略〕京童《きょうわらんべ》ノ口ズサミ　十分一ヲモラスナリ

この文書を作成したのは、当時の京都市民をあらわす「京童」とされているが、文面を見ると、かなりの教養人が書いたものと思われる。建武政権の論功行賞に不満をもつ下層の公家などの可能性も指摘されている。

鴨川の河原はかつての都において数少ない広い空間であったため、自然とそこに店や芝居小屋が立ち並んだ。河原は、都で暮らすさまざまな人々が集まったことにより文化が生まれ、善阿弥《ぜんあみ》の庭園芸術、観阿弥《かんあみ》・世阿弥《ぜあみ》親子の能、出雲阿国の歌舞伎が生まれた。河原という空間が、職能集団や芸能集団を輩出する基盤となった。納涼床という文化も現在まで続いている。

鴨川は古代より流路の幅が広く、河川の両岸に大きな河原が形成された。糺《ただす》河原、荒神河原（近衛河原）、二条河原、三条河原、四条河原、五条河原、六条河原、七条河原、八条河原などが河原名として史料に残っている。河原は平安時代の末期、処刑場や首渡しの場となっていた。古代末期から中世初頭に始まった河原の刑は、近世初頭まで続けられたが、いずれも見せしめ的な処刑として人びとを集めて行われた。三条、四条、五条、六条の河原には能舞台や芝居、見物小屋が並び、その後の京都の劇界、興行界の一大中心地となった。現在は歌舞伎発祥の地に南座だけが残り、四条大橋の東にたつ建物がその歴史を現在まで伝えている。

また、近世には「河原納涼」が糺河原、四条河原で定期的に行われるようになった。盆地特有の蒸し暑さをしのぐための京都人の古くからの智恵だ。祇園会（祇園祭）の季節に、神輿《みこし》が四条寺町にある御《お》旅所《たびしょ》に移る旧暦の六月、三条から松原までの河原で人びとは夕涼みを楽しんだ。当時は現在と異なり、鴨川の両岸に床几を設けて、中州にも水茶屋の床几や見物小屋が並んだ。江戸時代に刊行された最初の名所図会として知られる『都名所図会』にその様子が描かれている。六月一九日以降は糺河原に場所を移して、みたらし団子などが売られ、残暑をしのいだ。寛文期（一六六一〜一六七三）に鴨川に新堤が造られると、市街地が川岸近くにまで広がり、祇園町に連なる一大歓楽街を形成するようになった。

鴨川の河原は、東は現在の大和大路通、西は寺町通まであった、とされる。大和大路通は三条—四条間を縄手通ともいい、縄手は鴨川の堤を意味している。四条より南になると、通りは鴨川から遠ざかるため、大和大路通の名称となっている。

天下統一を成し遂げた豊臣秀吉が天正一九（一五九一）年に御土居《おどい》を造ったとき、現在の河原町通の東側を鴨川の西岸とした。河原町の名前は、このあたりが鴨川の河原であったことをあらわしている。御土居とは、外敵に備える目的と、鴨川の氾濫から市街を守る堤防として造られた土塁のことだ。

なお、鴨川にかかる橋についてみると、出雲路、今出川、荒神口、二条、三条、四条、五条（現在の松原）、五条、七条などに古代より近世にかけて架橋されていた。一条付近には賀茂祭（葵祭）に際して臨時の架け橋がかけられる場合があったという。

鴨川は、毎年七月に行われる祇園祭との関係も深い。

祇園祭というと七月一七日の山鉾巡行やその前日の宵山《よいやま》が注目されるが、祭りは七月一日の吉符入り《きっぷいり》から始まっており、七月一〇日の午後八時ごろには、祇園祭の主役である神輿を清める「神輿洗い」が四条大橋で営まれる。

「神輿洗い」は一七日の神幸祭、二四日の還幸祭で京都市中心部の氏子区域を練る三基の神輿のうち、「中御座《なかござ》」を清める神事だ。四条大橋の中央では、八坂神社の神職が鴨川から汲みあげて清めた水にサカキの枝を浸し、神輿に向かって大きく振る。

このように八坂神社の神輿を洗うことから、神社の敬称である「御宮」から名前をとって、この辺りを流れる鴨川のことを宮川とも呼んだ。宮川は鴨川の異称であり、現在も地名に残る宮川町（宮川筋一丁目から八丁目までの総称）は、そこから付いた。もともと、祇園のあたりは、四条河原であり、昔は東山から多くの山水が鴨川に向けて流れこんでいたと考えられる。四条大橋の上に立ち、当時の景色を想像してみると、風景の変遷を感じることができるだろう。

瀬見《せみ》といわれる底の浅い鴨川は、水量が少なく、大きな船を用いられなかった。鴨川の水路の開削は、慶長一五（一六一〇）年、方広寺の大仏殿造営の材木運送の便をはかるため、角倉了以が行った。了以はこの年の年内には三条まで開削した。方広寺は、東山区にある天台宗の寺で、かつてここには大仏殿があった。天正一四（一五八六）年、豊臣秀吉が高さ一九メートルの毘盧舎那仏《びるしゃなぶつ》を安置して創建し、秀吉が亡き父母のために各寺院から千人の僧を招いて大仏経堂で法会を修したことで知られる。鴨川の水運の様子は洛中洛外図屏風に、五条橋下を行く薪炭船や七条渡船として描かれている。

このほか、鴨川の伏流水から供給される地下水は平安遷都以来、現在まで人びとの暮らしを支えている。鴨川がもたらす水脈が、茶道や友禅などの文化や産業を育て、湯葉、豆腐、京都市南部にある酒処《どころ》・伏見の酒造りなどの食文化を支えてきた。鴨川の水や伏流水は、生活用水や灌漑用水として暮らしを支え、京野菜や豆腐、酒などの食文化、そして茶道など日本を代表する水文化の源である。

変わる流れ、変わらぬ流れ

鴨川の流路についてはこれまで多くの議論があった。

京都市内の堀川通に沿って北から南に直進する現在の堀川（堀川御池より南は暗渠になっている）をもともとの鴨川の本流とする考え方がかつては主流だった。これによると、平安京が造られた際に、鴨川が都に入るのを避けるため、上賀茂のあたりで南東に曲げる工事が行われたということになる。しかし、肝心の付け替え工事に関する史料が現在までみつかっておらず、あくまで推測の域を出ない。だが、この説は長年支持され、京都をテーマにした書物には当然のように記載されていた。

新たな水源を得て清流がよみがえった堀川。かかっているのは一条戻橋

これに対して、現在の鴨川の流れこそが太古からの流れであるという考え方が近年、認められるようになった。柊野付近を頂点とする鴨川の緩扇状地帯に注目すると、そこを南流もしくは東南方向へ流れる天神川（紙屋川）、水源が断たれる以前の堀川、とくに鴨川の流路は自然な流れである、という見方だ。これだと、付け替え工事の史料がないことに納得がいく。そもそも平安京を遷都するにあたり、わざわざ鴨川が流れている場所を選んで、大規模な付け替え工事をともなってまで都を建設するだろうか、という疑問もわく。都を営むにあたり必須とされる四神相応（青龍、白虎、朱雀、玄武を東、西、南、北に

配して地形に当てはめ、東に川、西に大道、南に湖、北に山のある地を四神相応の地という）の考え方に従ったとするならば、遷都以前から鴨川がほぼ現在の流れを保っていたと考えるほうが自然だろう。

　史料や古地図をみると、堀川の源流は京都市の北西部から流れてきた複数の川が合わさったものと考えるのが正しい。そのひとつは、安土桃山時代の茶人である千利休《せんのりきゅう》（一五二二〜一五九一）の直系となる表千家、裏千家、武者小路千家がある小川通をかつて流れ、一条戻橋《もどりばし》で堀川に注いでいた小川《こかわ》であり、京都市北区の尺八池から流れる若狭川（現在は流路を変えて、途中で東に向かって鴨川に合流している）などが集まって堀川を形成したのである。

鴨川の大洪水で一部が流された三条大橋（京都府提供）

　鴨川は、一九三五（昭和一〇）年の鴨川大洪水をきっかけに、近代的な防水対策が行われて今のような姿になった。鴨川大洪水は、同年六月二八日の深夜から二九日朝にかけて集中豪雨が襲った結果、起きた洪水をさす。当時の記録によると、一時間に最高四七ミリに達する集中的な豪雨が断続的に四回起きて、三条大橋や五条大橋、国鉄奈良線（現在のJR奈良線）のコンクリートの橋脚など三〇をこえる橋が流失する事態にまで被害が広がった。また、流木などが橋梁にひっかかり堰のような状態になり、下流に流れずあふれて増水した濁流が堤防から街中へ流れこんだ。上流部の賀茂堤防や下流部の竹田堤防では堤防が削られて決壊する手前までにいたったが、水防団などの活動で破堤をまぬがれたという。また、下流地域では桂川東岸堤防の決壊や天神川、御室川の氾濫による浸水が重なり、京都市内のほぼ全域が泥の海のような状態になった、と記録されている。

この鴨川の大洪水による被害状況は、死傷者が一二人、家屋流出が一三七棟、家屋全半壊が一五八棟、床上床下浸水が二万四一七三棟だった。浸水箇所は鴨川流域にとどまらず、市内全域では死傷者が八三人、家屋流出が一八七棟、家屋全半壊が二九五棟、床上床下浸水が四万三二八九棟の大惨事となった。

鴨川の氾濫は、平安京遷都後、この地で暮らす人びとを悩ませた。

『平家物語』で白河法皇が、思うようにならないもの、「天下三大不如意」として「賀茂川の水、双六の賽《さい》、山法師」をあげている。平安時代末期、院政をしいて、専制的な政治を行った白河法皇ですら、鴨川の氾濫と、サイコロの目、比叡山延暦寺の僧兵だけは思うようにならなかったという逸話である。

都を治める者にとって、鴨川を制御することは非常に重要な施策だった。天長元（八二四）年には、水防を司る防鴨河使《ぼうがし》が設置されている。現在は河道や堤防が近代的に整備されており、多少の雨では危険な状態にいたらないので、忘れてしまいがちだが、河川管理の大切さは現代も古代も変わらない。

さまざまな角度から鴨川を見つめた。平安京遷都以前から流れつづける鴨川は、千年以上も都であった京都、すなわち日本の歴史の証人でもある。この本を片手に鴨川のほとりを歩き、想像力を働かせながら先人たちの礎をたどると、風景もまた違って見えてくる。

（平野圭祐）

Ⅱ 絵図からみた鴨川と京への道

◆『淀川両岸一覧』と鴨川

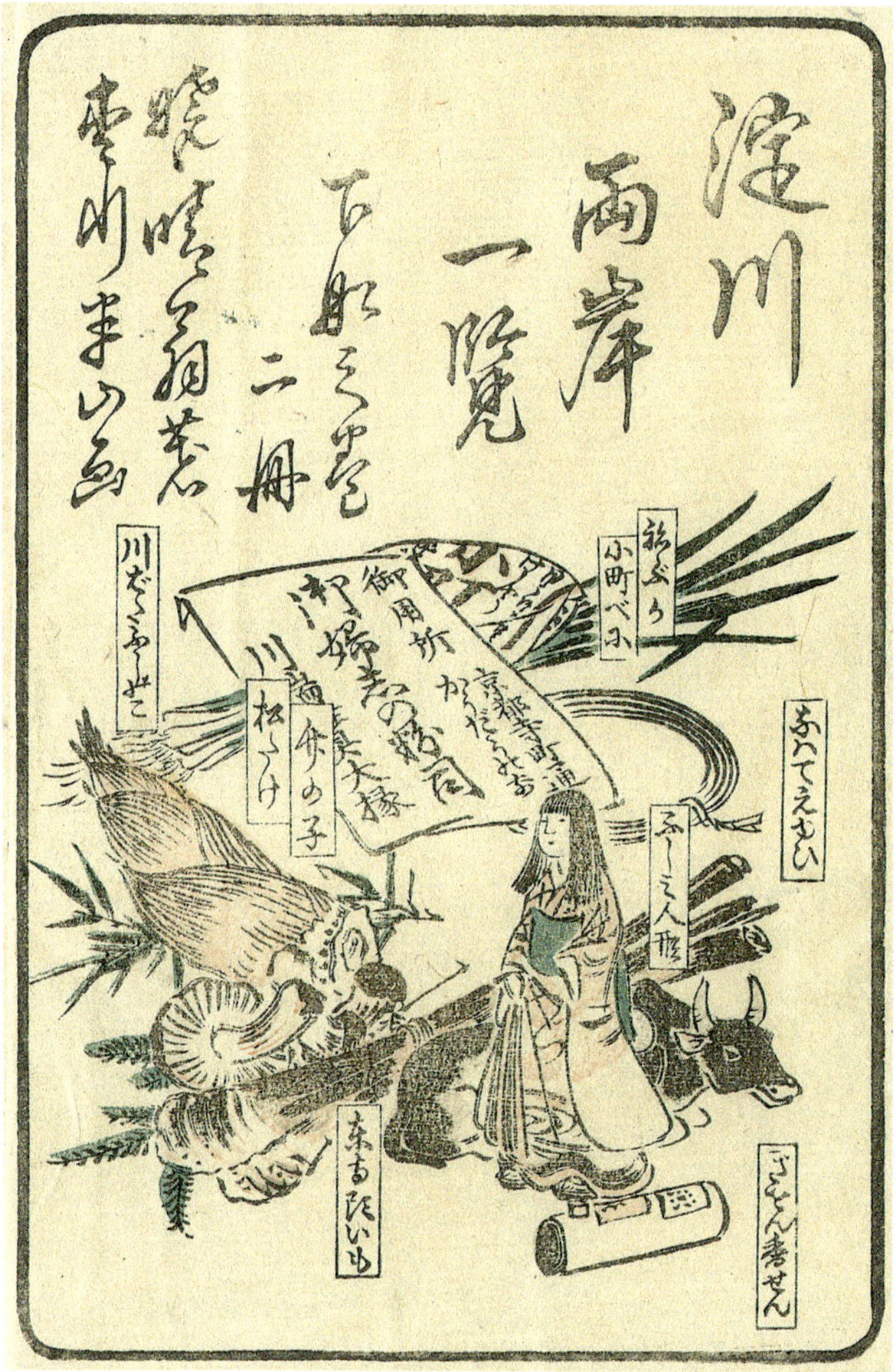

『淀川両岸一覧』は文久元（一八六一）年に出版された四巻四冊からなる名所案内記です。その内容は、本文と三色刷淡彩の挿画によって構成され、淀川流域の両岸に点在する主要な名所や街道などを紹介しています。

本文を暁《あかつき》鐘《かね》成《なる》（晴翁とも）が、挿画を松川半山《まつかわはんざん》が、それぞれに担当しました。両名ともに、大坂の人です。また、巻末の刊記をみると、三都の書林が版元として名を連ねています。江戸

右・「下り船之部上巻」扉絵
左・「上り船之部下巻」巻末

は日本橋通二丁目の山城屋佐兵衛、京都は麩屋町《ふやちょう》姉小路《あねこうじ》の俵屋清兵衛、大坂は心斎橋通北久《きたきゅう》太郎町《たろうちょう》の河内屋喜兵衛となっています。

本書の序文を記した「瓢々老人」は平塚瓢斎《ひょうさい》といい、京都町奉行所の与力だった人物です。山稜研究家で、各地にあった天皇陵の踏査をおこなったことでも知られています。瓢斎と鐘成・半山のコンビとは、本書以外にも、元治元（一八六四）年刊行の『再撰《さいせん》花洛《からく》名勝図会《めいしょうずえ》』をめぐって顔をあわせています。というのも、瓢斎は本書が出版された数年後に安政の大獄で蟄居謹慎を命じられます。その際、草稿まで出来あがっていた

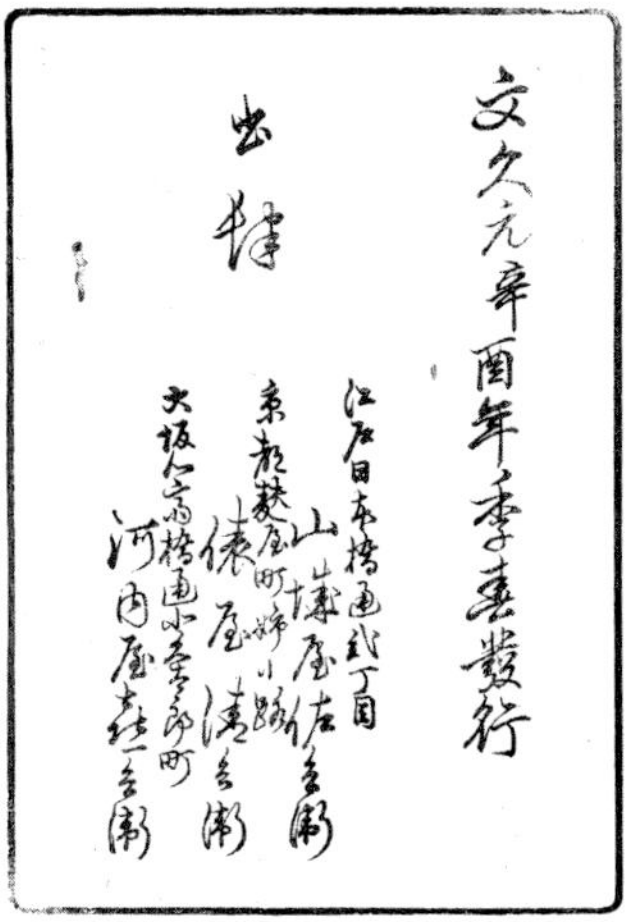

刊記

『再撰花洛名勝図会』を両名に託し、瓢斎自身は裏方に徹しました。ですから、本書の序文をものしたのが、蟄居直前、署名入りでおこなった最期の仕事なのです。

＊

ところで、書名に「淀川」と冠している本書は、鴨川流域の名所をとりあげています。それは、なぜか。

そもそも琵琶湖から大阪湾へと注ぐのが淀川の本流であり、上流域を瀬田川、中流域を宇治川とよぶ。そこへ桂川と木津川とが合流して、淀川となる。じつは本書には『宇治川《うじがわ》両岸一覧《りょうがんいちらん》』という姉妹編があります。これは宇治川流域にある名所を中心にして編集されています。ですから、そこを除く流域を対象にして、『淀川両岸一覧』は編集されているのです。

ただし、単に残りの範囲にある名所を紹介するだけでは読者を惹きつける要素に欠けます。そこで考慮されたのが、当時の交通事情でした。江戸時代、大坂と京とをつなぐ主要な交通路はふたつありました。ひとつは陸路で、京街道とも呼ばれていました。いわゆる東海道としてとらえる考え方もあり、その場合、「五十三次」に伏見・淀・枚方《ひらかた》・守口の宿場をいれて「五十七次」ということになります。もうひとつが水路で、大坂の八軒家《はちけんや》と京の伏見とを過書《かしょ》船《ぶね》（三十石船《さんじっこく》とも）が行き交いしました。つまり、この淀川を利用した水路を往来する旅人たちの目線をとりいれて編集されたのが本書なのです。

さらに、伏見まで来た旅人がめざすのは洛中ということで、京の三条大橋までの範囲も網羅しています。江戸時代の三条大橋は、東海道の起点です。こうした経緯からみえてくるのは、先述の「五十七次」を強く意識した本書の編集方針だといえるでしょう。

本書の凡例には次のように記されています。

一　此書は、浪花《なには》より京師《けいし》へ船にて登る淀川条《すじ》の両岸の地名を初め、其傍《そのかたはら》なる寺社及び名所古跡を著し、且《かつ》其風景絶勝なる所々の図を出して、船客の慰《なぐさみ》となす者也。

一　両岸を一図にうつさん事難きにあらずといへども、其委《くはしき》にいたらず。〔中略〕前《さき》の二巻は上船《のぼりふね》の右をうつし、後《のち》の二巻は下船《くだりふね》の右を画《ゑが》く。故《ゆゑ》に上船の巻は下船の左なり。下船の巻は上船の左と心得べし。文も又《また》これに准ず。

一　船客これを閲《けみ》し給へば船長《ふなをさ》に問ずして両岸を委く知べし。

これをみると、「船客」つまり水路を利用する旅人たちが船頭に「問」うはずの「くはし」い情報を、文章と絵とで伝えようとしていることがわかります。

また、本書の扉には、書名や作者名とともに、京坂の名物が描かれています。「下り船之上巻」には次のようなものがあげられています。右上から順に、「ねぶか」「小町べに」「なはて元ゆい」「ふしみ人形」「きをん香せん」「東寺長いも」「竹の子」「松たけ」「川ばたふしのこ」。このほかに、大原女を描く挿絵もあり、京の「みどころ」を旅人に伝えていたのです。ここにもまた、旅人を意識した編集の一端をみることができます。

◆三条橋《さんでうのはし》

京阪電車：三条駅／地下鉄：三条京阪駅／市バス：三条京阪前

江戸時代の三条大橋は、東詰《ひがしづめ》が東海道の起点・終点で、多くの人びとが往来しました。ここからすこし下って、五条橋もまた、東詰が大和《やまと》街道の起点・終点となっていました。この両街道をつなぐ役目を果たしていたのが縄手《なわて》通です。ですから、縄手通を三条から南下して初めに渡る、白《しら》川に架けられた橋が「大和橋」と名づけられているのもそのためなのです。当時の三条大橋は主要街道のターミナルとして機能していたことがわ

1　三条～稲荷

鴨川で染め物をする姿は見かけなくなったが、１５０年前と変わらない橋の姿が、当時の面影を伝えてくれる。

かります。

絵は三条大橋を西南から眺めた風景で、右手が鴨川の下流、左手が上流ということになります。橋の欄干には擬宝珠《ぎぼし》がみえます。これは幕府が管理をする公儀《こうぎ》橋であることの証しです。本文の解説には次のように記されています。

『伊勢参宮名所図会』巻一　三条橋

東国より平安城に至る喉《こ》口《こう》なり。貴賤の行人常に多く、都の繁花は此橋上に見へたり。

「平安城」の「喉口」は、東国へ向かう東海道、中山道のほかに、北国街道や北国海道、八風街道などの脇街道へと通じる京の玄関口でした。絵の橋上には、日傘をさす京女や羽織に着流しの京男らに混じって、菅笠《すげがさ》をかぶった旅人の姿が描かれています。主要街道に面した「喉口」ですから、彼らの姿は珍しいものではありませんでした。京の人と他郷の人とが行き交う橋の殷賑《いんしん》ぶりは、「都の繁華」を象徴する風物だったのです。

さらに、寛政九（一七九七）年に出版された『伊勢参宮名所図会』に載る「三条橋」の絵をみると、この橋が旅人にとってどのような役割を果たしていたのかをかいまみることができます。絵の中央左側、擬宝珠のそばにいるのは、菅笠の旅人と左手で遠方を指さす男性。その指さす方角へ目をやると、どうやら旅人が清水寺の位置を尋ねているようす。「ほれ、あの手前にみえるのが八坂の塔で、その向こうの山間にみえる三重の塔が清水さんや」、「へぇ、なるほど、なるほど」。つまり、江戸時代の三条大橋は、東山地域に点在する寺社仏閣を案内するのに適した場所だったのです。

　ところで、『淀川両岸一覧』の絵と同様、先述の『伊勢参宮名所図会』の絵にも、鴨川の流れを横切る牛車のようすが描かれています。公儀橋であるこの橋は、人馬は往来することができるのですが、牛は通行できませんでした。牛が牽《ひ》く積み荷の重量で橋が傷まないようにとの配慮によるものです。絵をよくみると、橋の中央に馬の背にまたがる旅人の姿をみつけることができます。このように、川中と橋上にいる牛馬それぞれを対比させることによって、読者に通行上のルールを知らせるという効果があったのです。

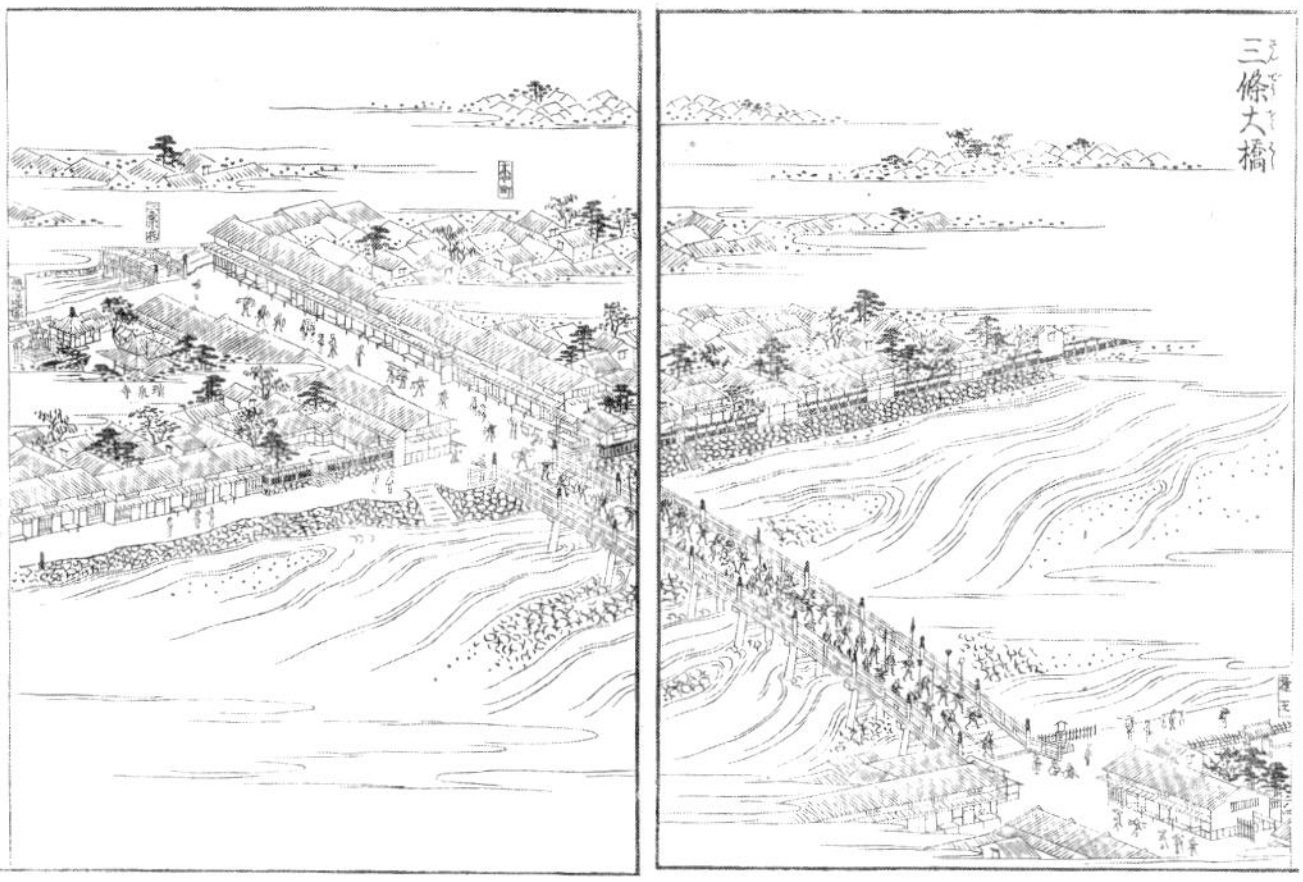

『都名所図会』巻一　三条大橋

　なお、三条大橋の西詰をすこし南下すると、牛車が通行するために設けられていた車道《くるまみち》を現在でも目にすることができます。対岸に同様の車道がありましたが、こちらは残されていません。

京都　三条大橋（約百年前の絵はがき）

◆四《し》条《でうの》橋《はし》

京阪電車：祇園四条駅／阪急電車：河原町駅／市バス：四条京阪前

こんにち、京都を訪れる旅行者に、鴨川に架かる橋の名を尋ねると、三条、四条、五条の橋をあげる人が多いはず。利用者の多さからみても、それぞれの橋の知名度に大差はないでしょう。ところが、江戸時代の場合には事情が変わります。当時の三条大橋、五条橋が公儀橋であったのに対して、四条は町橋でした。洪水で流されたり、災害で破損したりしても、前者は幕府が費用を賄《まかな》いますが、後者は橋の両詰《りょうづめ》に住む人びとが負担を

1 三条〜稲荷

かつて四条大橋の東詰に芝居小屋のあったことを南座が伝えてくれる。

しなければなりませんでした。そのため、長らく四条には仮橋しか架けられなかったのです。
　絵は四条大橋を西南の方角から眺めたものです。これをみると、仮橋ではなく、現在と変わ

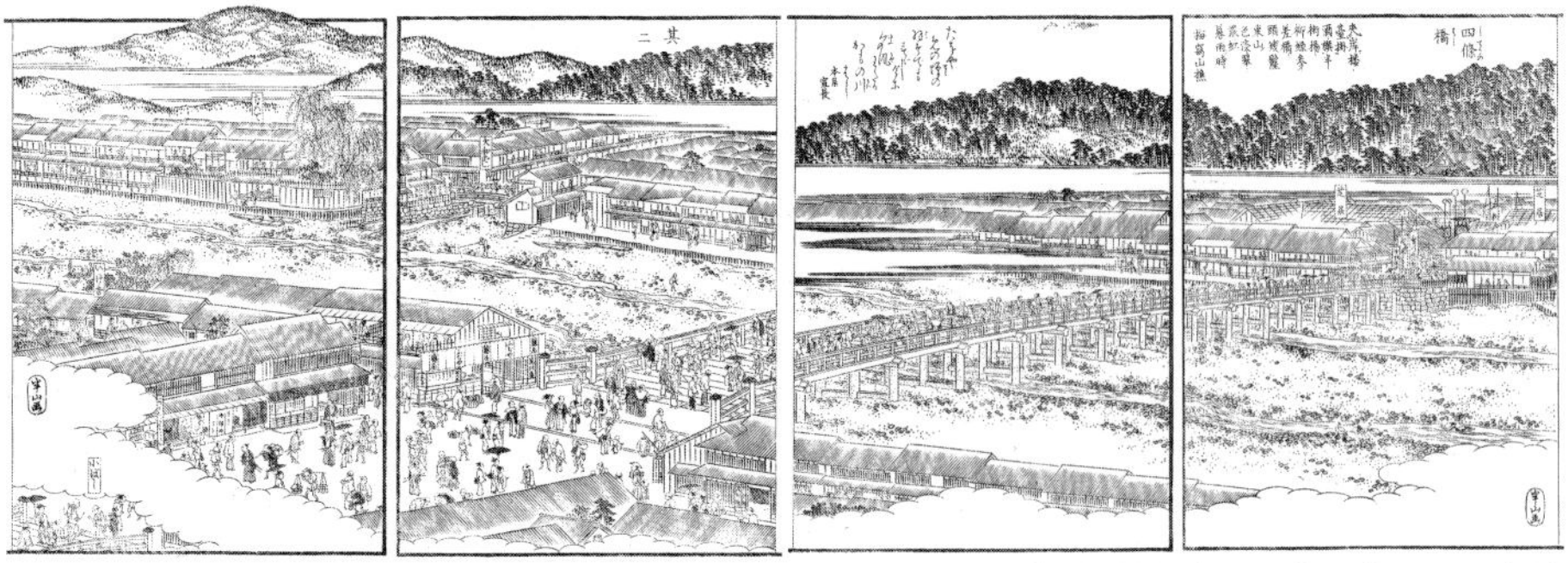

『再撰花洛名勝図会』巻一　四条橋

らない大橋のようすが描かれていることがわかります。じつは、『淀川両岸一覧』が出版される四年前の安政四（一八五七）年に、仮橋から架け替えられていたのです。

絵の上部、左側の賛は次の発句です。

顔みせや　川かみはまだ　千鳥の夜　　霞川

「顔みせ」は、四条大橋の東側、芝居の櫓《やぐら》がならぶ界隈の冬の風物です。江戸時代、芝居の興行主と役者とは一年ごとの契約を結んでいました。本来ならば年初にとり交わすのがよいのでしょうが、新春の行事が続く時期には客入りが見こめない。仮に一か月の前倒しをしても、やはり歳末の物入りで客足は鈍る。こうした経緯によって、さらなる前倒しをし、契約は一一月に結ばれることとなりました。一年で最初の興行では、それぞれの小屋ごとに新しい顔ぶれを披

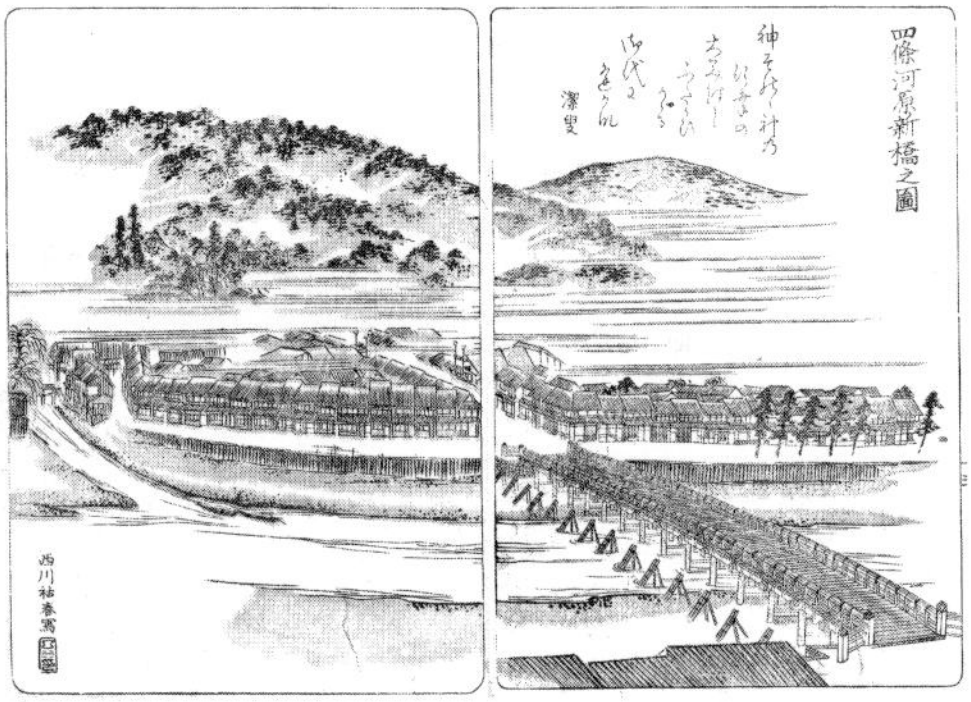

『都のにぎはい』

露するため、それを「顔見世」と呼んだのです。この句は、夜をとおして顔見世興行でにぎわう四条大橋、祇園《ぎおん》界隈に比して、上流に架かる三条大橋などがひっそりとしているようすを吟じているのです。

一方、右側に掲げられた賛は次の和歌です。

神ぞのゝかみの御幸の大御はし
ふたゝびかゝる美代に逢ふかな
瓢翁

ここにある「神」とは祇園社にお祀りする牛頭《ごず》天王すなわち素《す》戔嗚尊《さのおのみこと》のこと。四条大橋は、この産土《うぶすな》神と氏子とをつなぐ役目を担っていました。この歌は、立派な橋が架けられていた往時に匹敵するような新しい橋が完成したことを言祝《ことほ》ぐものなのです。詠者の「瓢翁」は、『淀川両岸一覧』の序文をものした平塚瓢斎です。瓢斎は自身が草稿を手がけた『再撰花洛名勝図会』のなかでも、この四条大橋の新造についてふれています。幕末の京都において、芝居興行による町の繁栄と人びとの信心とが結びつくことで成就した四条大橋の完成は、人びとの耳目をひくトピックだったのです。

絵をみると、橋の左手に交差させた木の杭が川中に打ちこまれているのがわかります。これは、上流から流される流木や石によって橋が傷つけられないようにするための防護杭なのです。安政期の橋の新造を記念して出版された『都のにぎはい』（『四条橋新造之記』とも）に描かれた絵にも同様の流木除けを確認することができます。

京都名所　四条大橋（約百年前の絵はがき）

◆五条橋《ごでうのはし》

京阪電車：清水五条駅／市バス：五条京阪前

絵は五条橋の西詰南側から北東の方角を眺めた風景です。本文の解説には次のように記されています。

三条橋の下に有。初《はじめ》は松原通に架せり。即《すなはち》五条通也。秀吉公の時、此所にうつす故《ゆへ》に五条橋通といふ。実は六条坊門なり。欄干紫銅《くろがね》擬宝珠、左右十六本ありて、北の方西より四ツ目に橋の銘あり。

これをみると、現在の五条大

1　三条〜稲荷

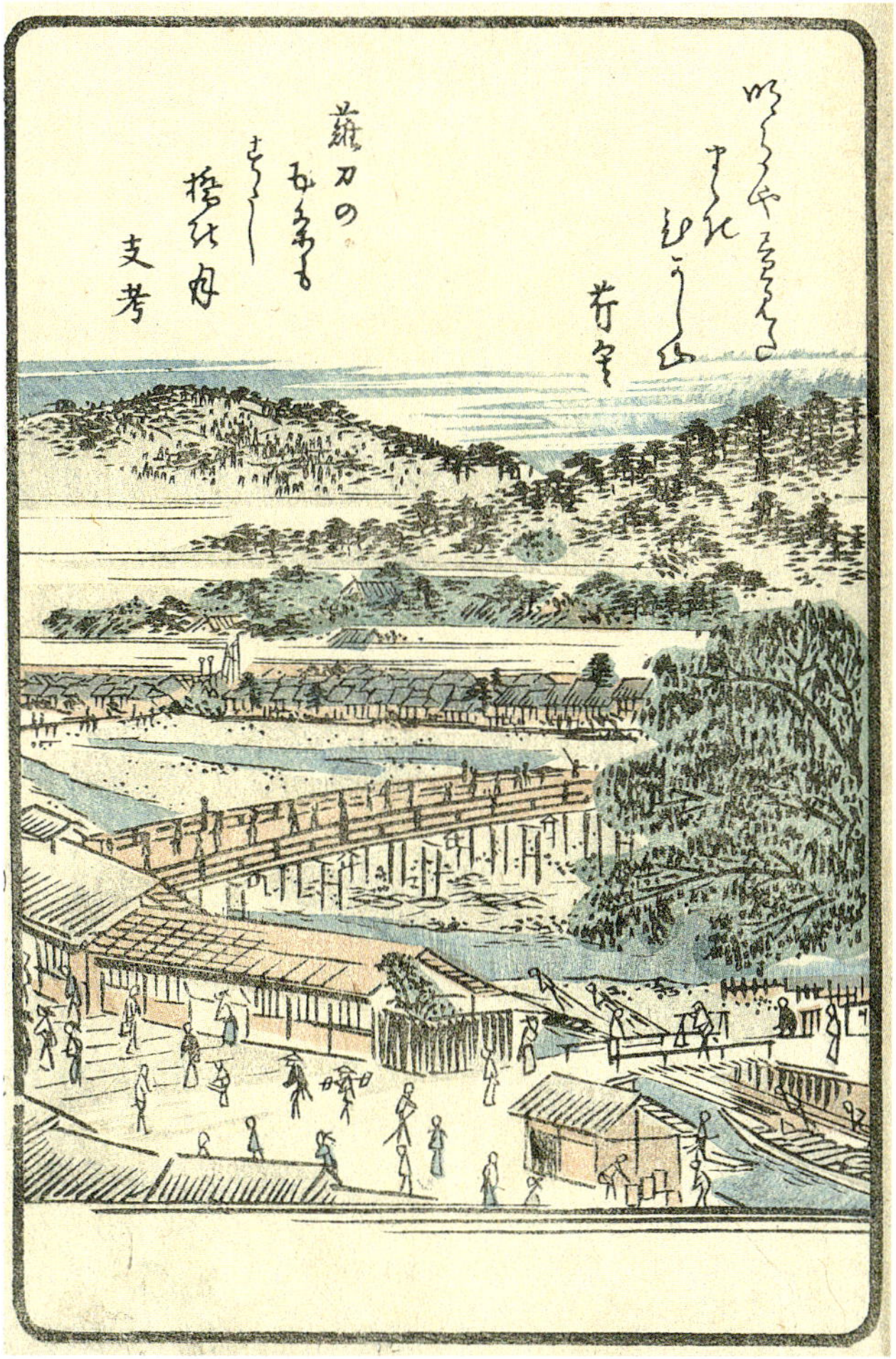

鴨川の対岸には、変わることのない東山の美しい稜線が広がっている。

橋は豊臣秀吉によって京の町が整備された際に移されたものであることがわかります。それ以前の五条橋は、現在の松原橋だったのです。つまり、松原通が五条通で、いまの五条通は六条

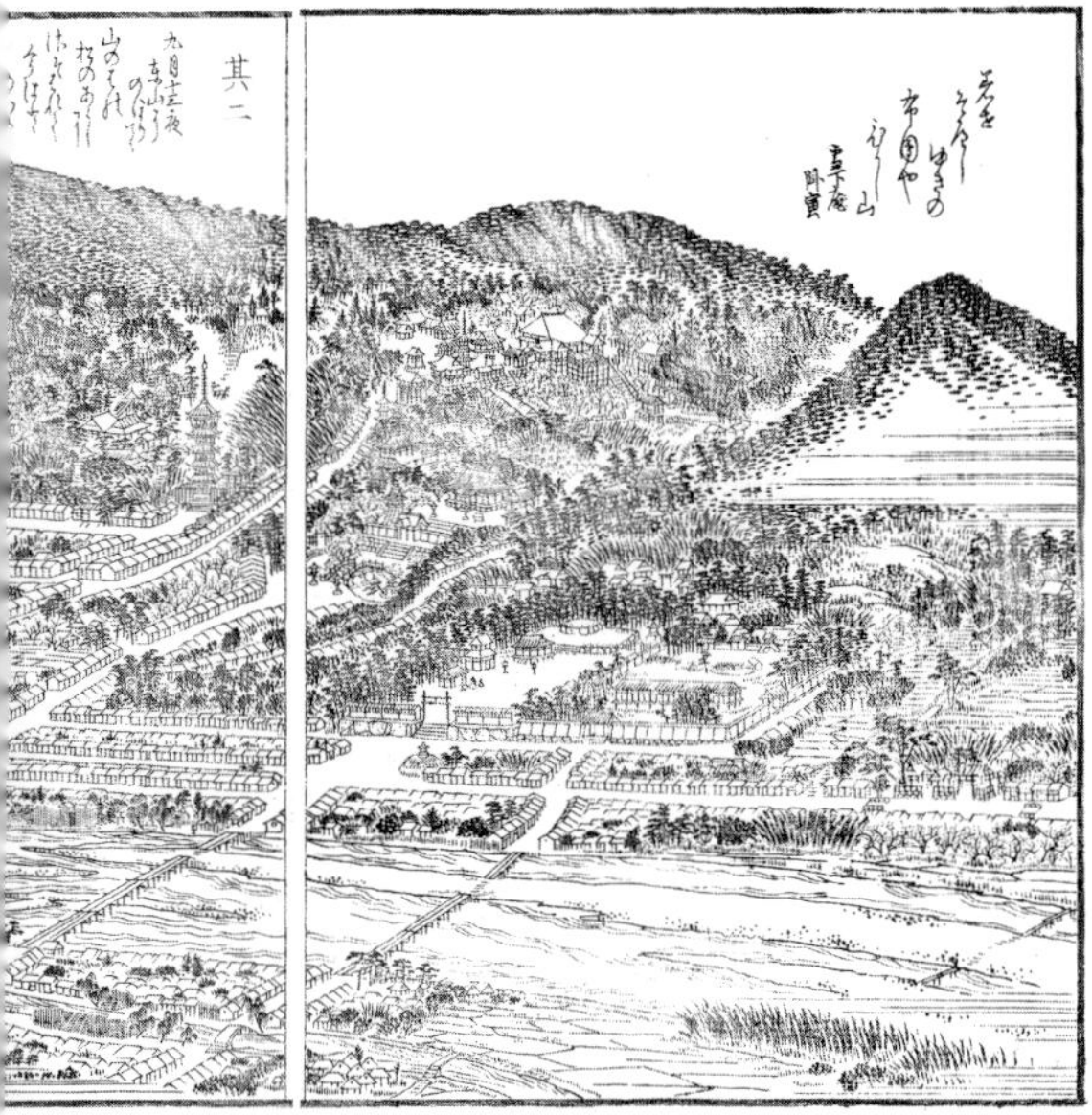

坊門となる。よって、双方を区別するために五条橋通とも呼ばれていたことが知られます。

また、欄干には左右あわせて一六本の擬宝珠があると記されています。江戸時代、京から大和へと向かう大和街道の北端は、五条橋の東詰でした。そのため、この橋は三条大橋と同様に、幕府が管理する公儀橋となっていました。絵の左側中央に描かれた橋のようすから、公儀橋の証しである擬宝珠を確認することができます。

本文をみると、この大和街道のほかにも、京の南の玄関口からのびる経路はいくつかあったことが知られます。

京師《みやこ》より浪華《なには》へ船にて下るには大和大路（伏見街道の事也）を伏見に出る。是を本街道といふ。老人足弱《あしよわ》の徒《ともがら》は高瀬川の下舟に乗て伏見に至るも有。又西の辺《ほとり》より伏見に行は、東洞院の車道《くるまみち》、九条より東竹田を経て伏見の黒門に至る。或は油小路より竹田を経て黒門に出る。是を竹田街道と号す（西竹田、東竹田といふ、両道東西の便宜に任す）。又陸路は東寺より鳥羽街道を経て淀に至るも有。或は伏見より淀に出るも有。又は東寺の四ツ塚より桂川を越て山崎に至り、高槻《たかつき》より鳥飼《とりかひ》、江口、柴島《くにじま》を長柄《ながら》に出て大坂に至る（俗に西街道或は山崎越ともいふ。此道条《みちすじ》に長岡の天神、向《むかふ》の明神、山崎の八幡、江口の君堂、柴島のさらし堤など有て其ながめ少からずよき往来なり）。

まずは伏見へと至る大和街道を本街道とし、これより西寄りに東西の竹田街道、鳥羽街道などの陸路にくわえ、高瀬川を舟で下る川路があったのです。また、伏見から大坂へは京街道を行く陸路と淀川を下る川路とがあり、旅人たちは用途に応じて使い分けをしていました。(➡一〇八頁コラム)

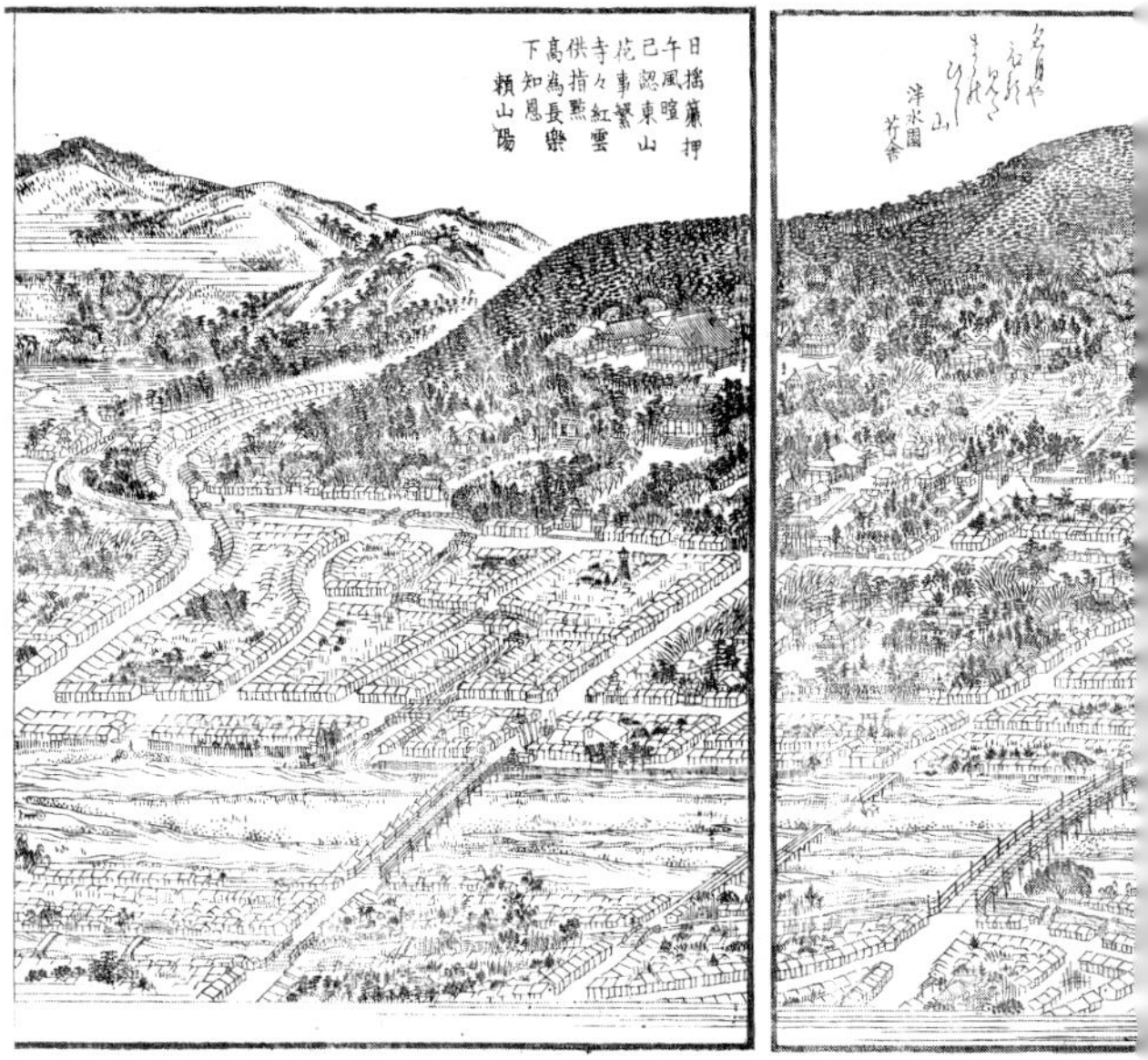

『再撰花洛名勝図会』巻一　東山全図より

ちなみに、現在の「五条大橋」という呼称ではなく「五条橋」とするのは、大橋に対応する小橋が存在しないからです。すなわち、三条通や四条通にあるような高瀬川に架かる小橋が、五条通にはないのです。つまり、五条通の付近では高瀬川と鴨川との距離が接近しており、両川をまたぐ格好で橋が架けられていたからなのです。絵の中央部、下に見えるのが高瀬川で、荷を積んだ高瀬舟が上流へ曳かれていくようすがわかります。

京都　加茂川五条大橋（約百年前の絵はがき）

◆大仏門前《だいぶつもんぜん》　耳塚《みみづか》

京阪電車：七条駅／市バス：博物館三十三間堂前

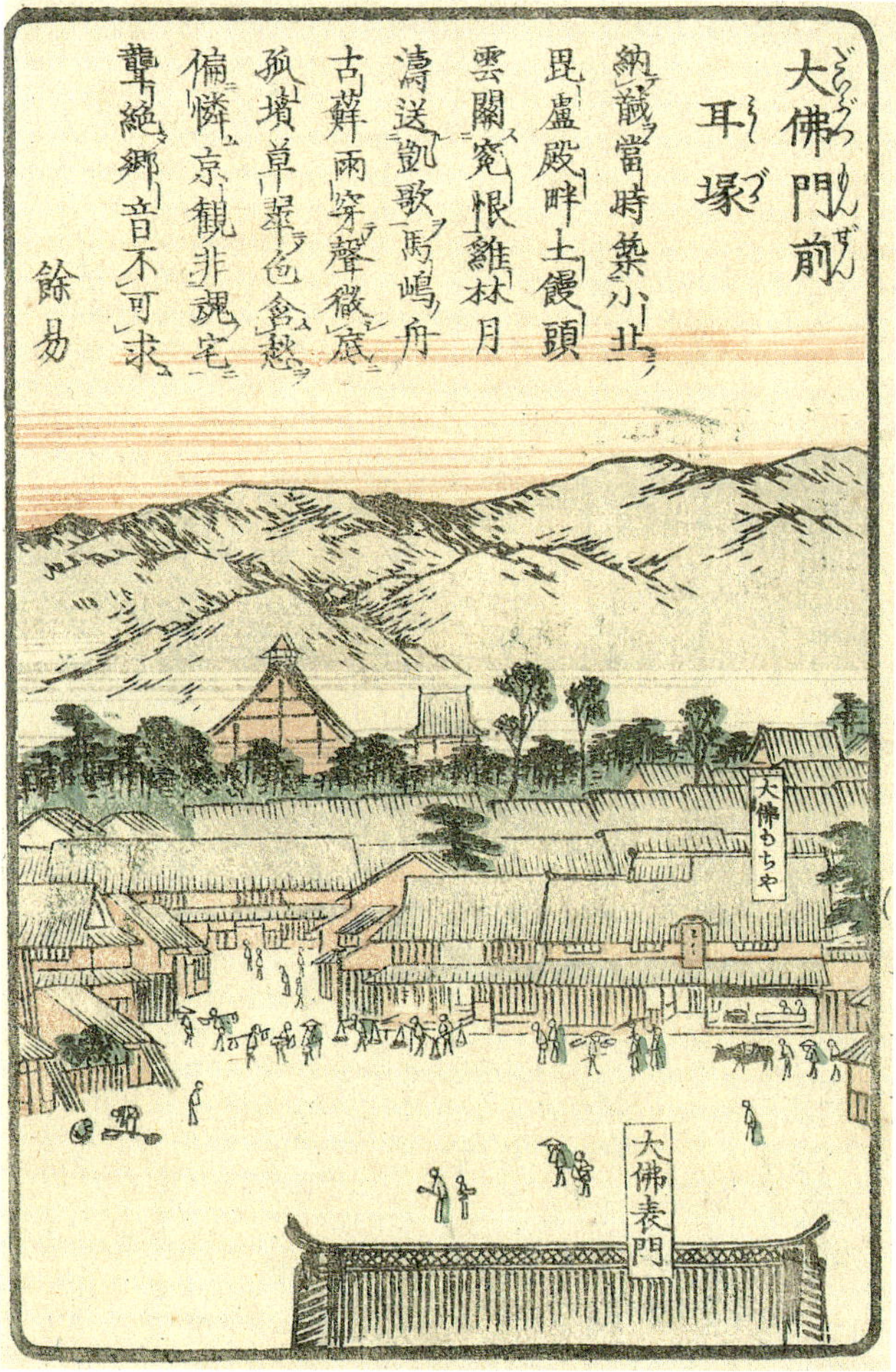

鴨川左岸の東山地域は、豊臣秀吉ゆかりの神社仏閣が多数にあります。なかでも方広《ほうこう》寺は世に広く知られ、大仏殿、「大仏さん」とも呼ばれていました。

当寺は天正一四（一五八六）年、秀吉が父母の菩提を弔うために身の丈「九間四尺五寸」（約一八メートル）の毘盧舎那仏《びるしゃなぶつ》の座像を安置したことにはじまると、本文には記されています。『太閤記』によりますと、南都東大寺にならって大仏殿の建立を計画したのですが、東大

左側にみえる白い大屋根が、改修中の東本願寺の阿弥陀堂。耳塚も当時のようすを伝えてくれる。

寺が二十年の歳月を費やしたのに対し、方広寺の大仏殿は五年で完成させると豪語し、実際にその予告どおりに造営したといいます。

ところがこの「大仏さん」、

『再撰花洛名勝図会』巻七　大仏鐘楼東面より望むの図

たびたび災禍にみまわれます。初代の木製の大仏は慶長元（一五九六）年の地震で崩れ、慶長七（一六〇二）年に再建された銅製の大仏は鋳造過程のミスにより、像本体から出火し、仏殿もろとも焼失する。さらに慶長一七年に銅製の大仏が再建されるのですが、寛文二（一六六二）年の地震で小破します。そのため、木造の大仏として造り改められる。さらに寛政一〇（一七九八）年、落雷により仏殿ごと焼失します。本文には次のように記されています。

寛政十年七月に雷火にかゝりて焼亡し、今その礎石のみ存す。百分一の尊像再建あり。また、近年大像の半身成就し仮堂に安ず。

ですから、『淀川両岸一覧』が出版された当時、すでに「大仏さん」はなく、縮小した上半身の像が仮堂に安置されるのみだったのです。そのため、挿絵には大仏殿ではなく、門前にある耳塚と大仏餅屋、さらに鴨川右岸の東本願寺の伽藍《がらん》が描かれているのです。つまりこれは、か

『都林泉名勝図会』巻三　唱蘭人耳塚を観る

つての毘盧舎那仏が目にしていたであろう風景なのです。

耳塚について、本文には次のように記されています。

正面二王門の前にあり。文禄元年朝鮮征伐の時、小西行長、加藤清正を大将として数万の敵兵を討取、首を日本へ渡さん事益なければ、耳劓《みみそぎはなそぎ》して送りしを、此所に埋み、耳塚といふ。

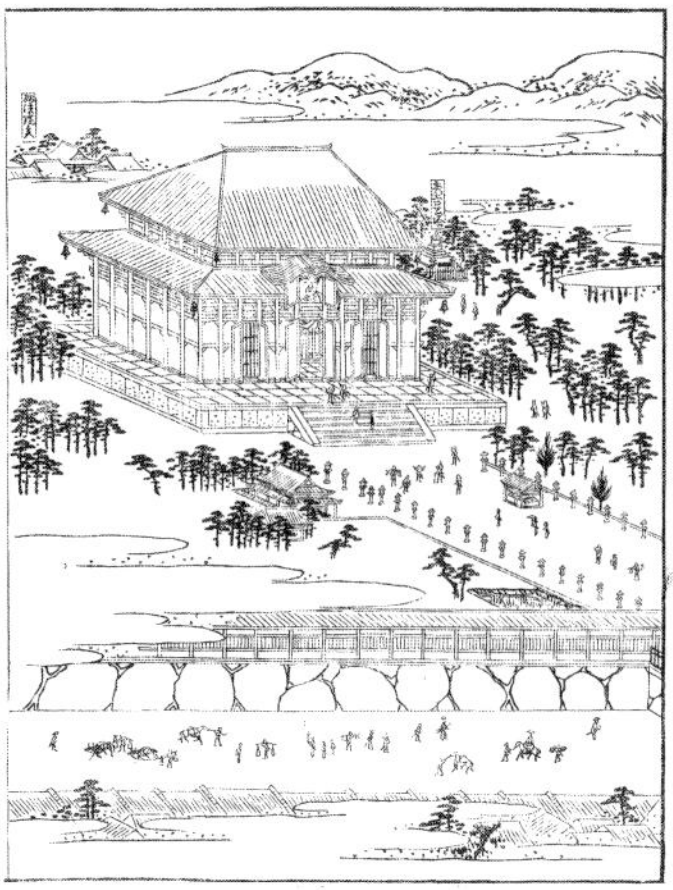

『都名所図会』巻三　大仏殿

鼻塚ともよばれるこの墳丘は、文禄・慶長の役に関わりの深い遺跡です。絵に耳塚を見あげる旅人の姿が描かれていることから、幕末には名所のひとつとして知られていたことがわかります。また、寛政一一（一七九九）年刊の『都林泉名勝図会《みやこりんせんめいしょうずえ》』巻三には、オランダ人の一行が役人の案内で耳塚を見物する姿を描く挿絵が収載されています。

目を楽しませる名所には、舌を喜ばせる名物がつきもの。街道を往来する旅人の目当ては、隅田屋の「大仏餅」。『再撰花洛名勝図会』は「浪花の虎屋饅頭」とならぶ逸品であると紹介しています。かの滝沢馬琴も『羇旅漫録《きりょまんろく》』のなかで「味《あぢわ》ひ甚た佳なり」と絶賛するほどでした。残念ながらこの家はすでに絶え、賞味することはかないません。

京都名所　耳塚（約百年前の絵はがき）

◆東福寺《とうふくじ》　通天橋《つうてんきやう》

京阪電車：東福寺駅／JR：東福寺駅／市バス：東福寺

東山三十六峰のひとつ、月輪の山すそにある慧《え》日《にち》山東福寺は、臨済宗東福寺派の大本山として名高い寺院です。安永九（一七八〇）年に出版された『都名所図会』をみると、「南都東大興福の両号を合せて用ゆるなり」とあり、東大寺の「東」に興福寺の「福」の文字を組み合わせた寺号であることがわかります。

絵は、東福寺のうち法堂と祖堂とをつなぐ通天橋《つうてんきょう》を、西南の方角から眺めた風景を描いてい

1 三条〜稲荷

通天橋の下には、当時と同じように小川が流れる。周囲の紅葉も変わることのない風景である。

ます。中央部にはせり出しが設けられ、橋下の景色を一望できるようになっています。この下を東西に流れるのが洗玉澗《せんぎょくかん》という渓川《たにがわ》で、両岸には楓《かえで》の林が広がります。秋の盛りともなる

と、紅葉狩りの人で多いににぎわいました。本文には次のようにあります。

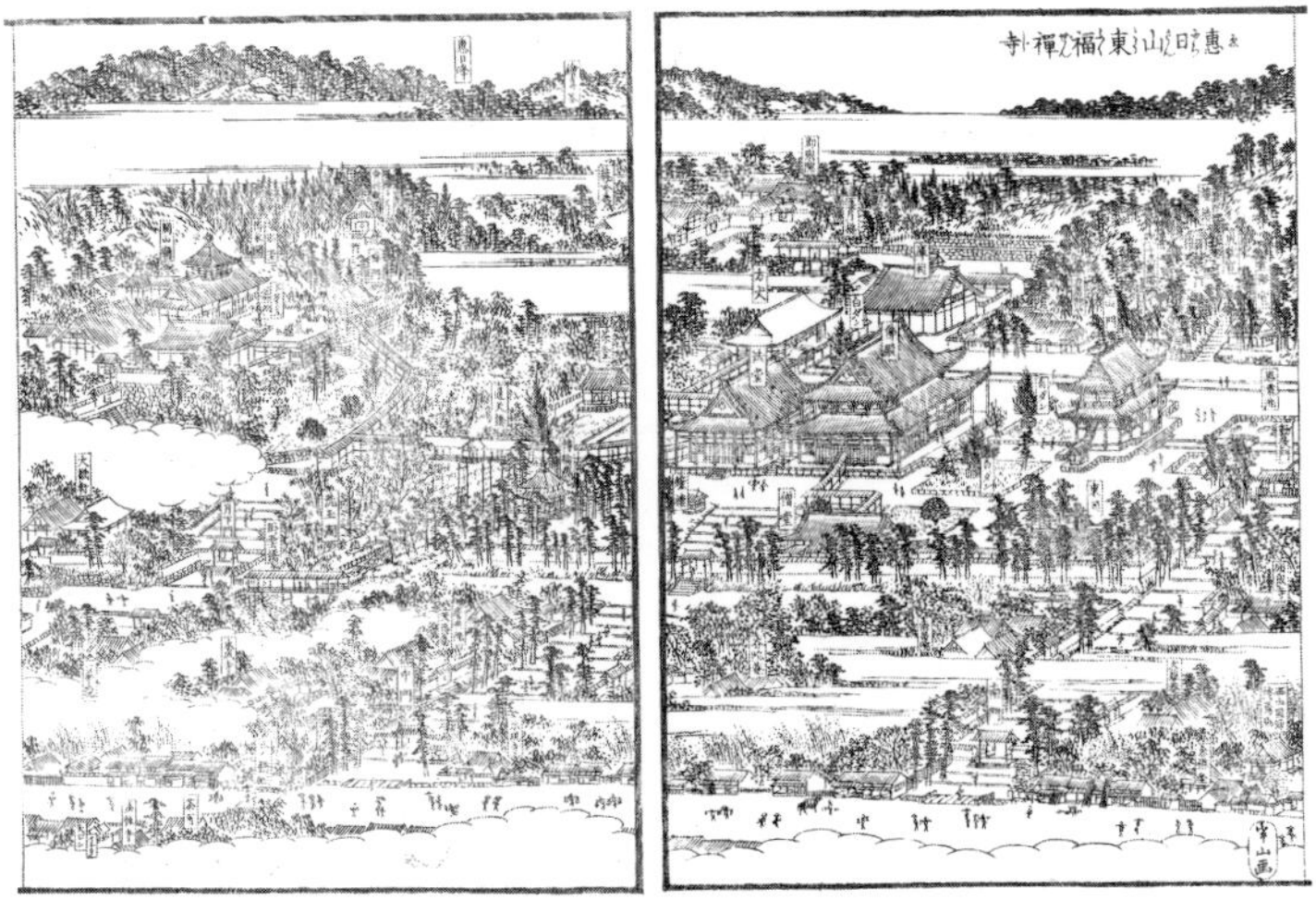
『再撰花洛名勝図会』巻八　恵日山東福禅寺

> 左右の崖《きし》は悉《ことごと》く楓林にして、秋の季《すえ》に至れば、恰《あたか》も紅錦を浪に洗ふが如く、所謂《いはゆる》洛陽観楓第一の勝地なり。さる程に、文人墨客詩を賦し、歌を詠じて懐《をもひ》を述べ、都下の男女打群《うちむれ》て酒宴を催し、紅顔を夕陽《せきやう》に争ふ。

詩歌を創るもよし、景色を肴に酒を飲むもよし。秋のひと日を楽しむ人びとの姿を、絵でも確認することができます。酩酊が過ぎると、紅葉に劣らぬ「紅顔」になり、やがては夕照につつまれる。なにぶん、この時期は「つるべ落とし」にて、からだの冷えにはくれぐれもご注意を。

また、『再撰花洛名勝図会』には通天橋のせり出しをズームアップした挿絵が収載されています。橋下から見あげる文人体《てい》のふたりに、橋上からは洗玉澗を見下ろす人びと。ほかにも脇差し二本の侍もいれば、左手からは振り袖を着た少年を連れた一行。装束から察するに、公家《くげ》方《がた》とみえる。そもそも東福寺は、鎌倉時代に九条道家《くじょうみちいえ》によって建立された寺院です。そのため、高貴の人が訪れることは珍しいことではありませんでした。このように、貴賤、老若男女を問わない名所であったことが知られます。
さらに、本文の解説は次のようにも記しています。

十月十六日は開山忌にして、世俗此日を弁当収《をさめ》と称し、観楓を兼て遊参をなすこと夥《をびたゞ》し。又二月十四日、十五日は仏殿に涅槃像の大幅を懸て詣人に縦観せしむ。遊客、これを弁当始《はじめ》と号して群集す。

これをみると、京の人にとって、二月の涅槃会《ねはんえ》が「弁当始」、一〇月の開山忌は「弁当収」であったことがわかります。紅葉が見ごろをむかえる地域は、北から順に南下するもの。洛中からみて、東福寺は南東の方角にある名所ですから、シーズン最後の観楓の場所でした。「弁当収」とよぶのも納得されます。

『再撰花洛名勝図会』巻八　通天橋観楓

東福寺通天橋（約百年前の絵はがき）

◆稲荷御旅所《いなりおたびしょ》

JR：京都駅／市バス：東寺道

伏見街道沿いにある名所のうち、全国的にもその名を知られている伏見稲荷大社。江戸時代には稲荷社《いなりのやしろ》とよばれ、下京の産《うぶ》土《すな》神として人びとの信奉を集めていました。絵は、稲荷御旅所《いなりおたびしょ》を南東の方角から眺めた風景です。

稲荷御旅所は、豊臣秀吉によって、京都駅の南西、西九条《にしくじょう》の現在の場所に移されました。御旅所とは、祭礼などで神輿《みこし》が渡《と》御《ぎょ》する際、仮に奉安される場所のこと。ここを経由して、産土

1

三条〜稲荷

赤い鳥居と大型商業施設のコントラストに時代の違いを感じる。

神は氏子町を行幸するのです。本文の解説には次のようにあります。

いなりの御輿五座、毎年三月中の午の日此に神幸ありて、四月

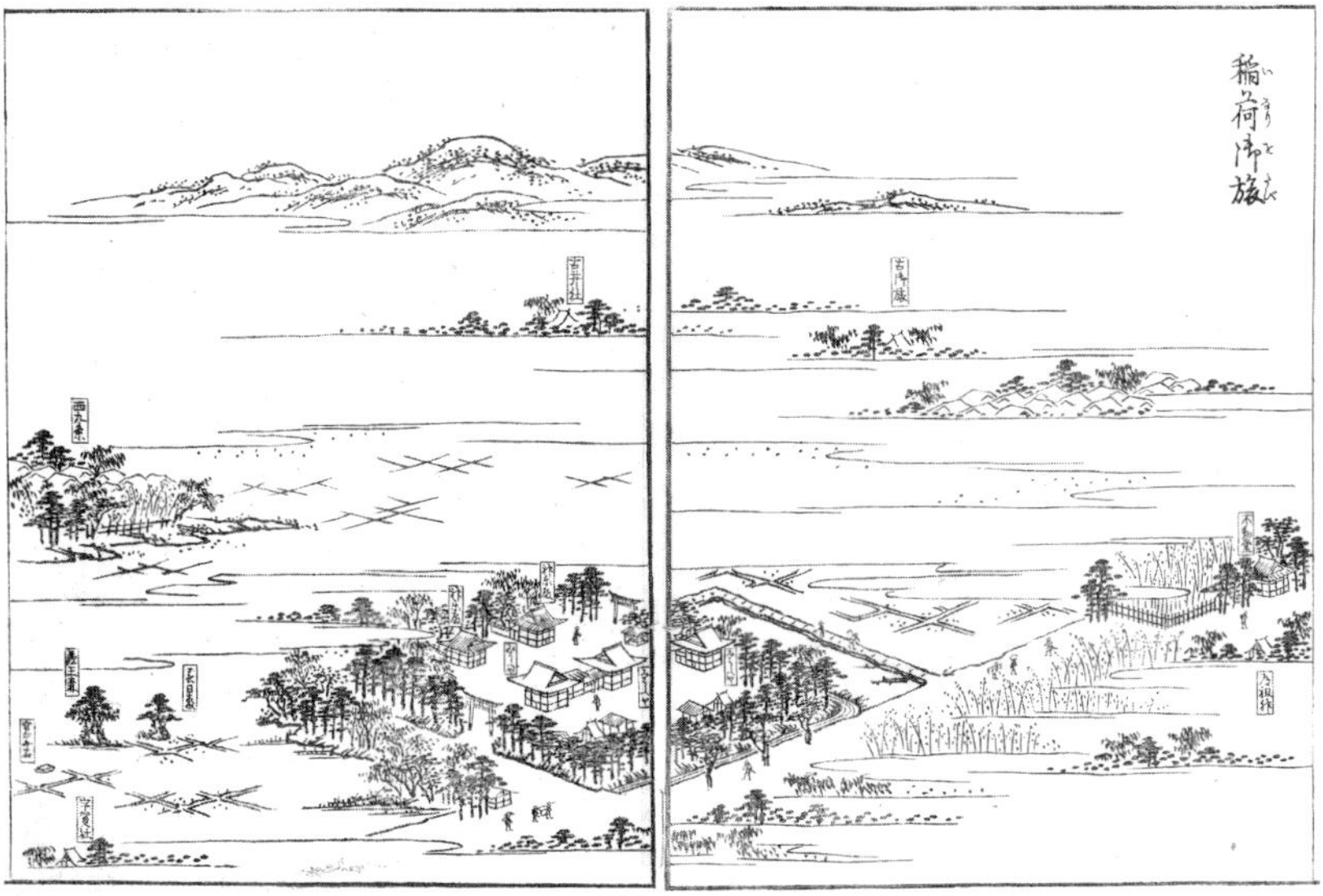

『都名所図会』巻二　稲荷御旅

初の卯の日還幸まで此旅所にましますなり。

これをみると、四月の初卯《はつう》の日におこなわれる例祭にあわせ、三月の中午《なかのうま》の日に五柱の神が渡御したことがわかります。なお、現在では稲荷祭《いなりまつり》といい、四月二〇日から五月三日の期間、御旅所に御輿が納められます。

この例祭について、『都名所図会』は次のように詳述しています。

神輿五基九条の御旅所より東寺南の大門《だいもん》を掻入《かきいり》て、金堂の前に神輿をすゑ、産子は神供《じんく》を頭に戴て運び持て献じ、僧侶はかはる〴〵出て法施《ほっせ》し、東寺寺務の僧正をはじめ一山《いっさん》の衆僧は東西に列し、弦召《つるめそ》は東のかたに警す、其厳重たる粧ひ他にならぶ事なし、是を東寺の神供といふ。近年安永三甲午年より祭礼の式再興ありて、行列の首《はじめ》には勅裁綸《ちょくさいのりん》旨《じ》、弓、楯の神具かず〳〵列り、神輿の前後には社司のめん〳〵騎馬にて供奉《くぶ》し、唐鞍《からくら》の神馬三疋、其外、大幣《おほへい》、榊、翳《ゑい》、菅蓋、錦蓋等雲のごとくつらなり、巍々《ぎゝ》滔々《たう〱》として壮麗たる祭式なり。

五重塔で知られる教王護国《きょうおうごこく》寺《じ》、通称東寺《とうじ》は、稲荷社の氏子町にあります。そのため、御輿が御旅所から還幸する際、「東寺の神供《しんぐ》」とよばれる法要を執行したのです。神社の祭礼に、寺院がかかわることは、江戸時代には珍しいことではありませんでした。というのも、江戸時代までは神仏習合の思想によって、神社と寺院とは近しい関係にあったのです。ところが近代以降、神仏分離令により両者の結びつきはうすくなってしまいました。稲荷祭の場合、現在でも東寺の僧侶による神供がおこなわれ、往時の信仰の一端をかいまみることができます。

例祭にはにぎわいをみせるこの場所も、平時に訪れる人は多くありません。絵をみると、菅笠に脚絆姿の旅人が鳥居に向かって歩く姿があります。絵の左上には賛の狂歌。

街道からまゐるもちよつと鍵の手に
まはるいなりの神の御旅所　千歳舎鶴成

街道とあるのはおそらく竹田街道で、油小路《あぶらのこうじ》に面する稲荷御旅所は少し離れています。竹田街道から九条通を西に行きここをめざす経路が鍵のかたちに似ていることを詠んでいるのです。つまり、先の旅人はわざわざ足を運んだ篤信者なのです。

東福寺通天橋（約百年前の絵はがき）

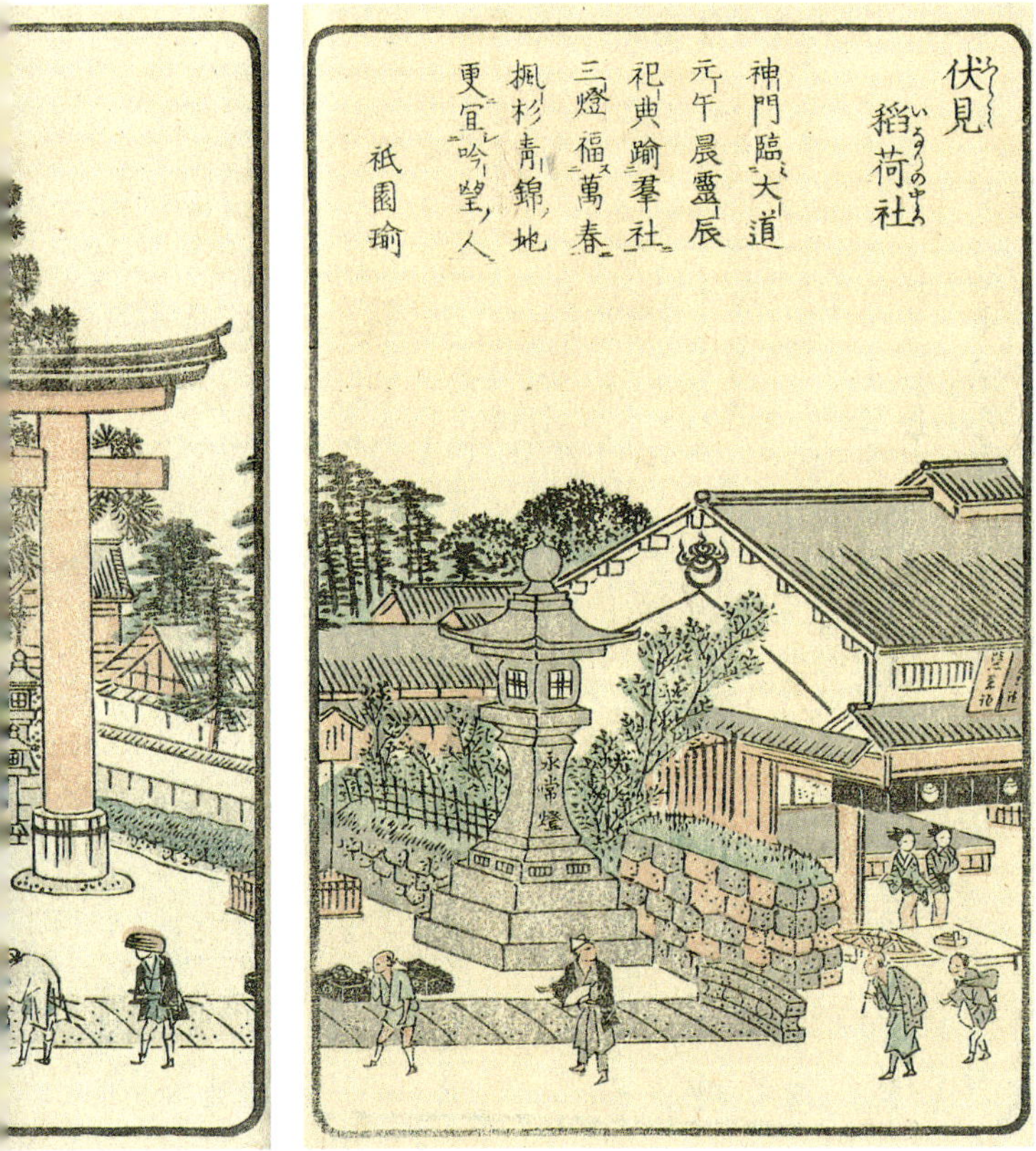
伏見　稲荷社
神門臨大道
元午晨靈辰
祀典踰羣社
三燈福萬春
楓杉青錦地
更宜吟望人
祇園瑜

◆伏見《ふしみ》　稲荷社《いなりのやしろ》

JR：稲荷駅／京阪電車：伏見稲荷駅／市バス：稲荷大社前

「伏見のお稲荷さん」として知られる稲荷社は、そもそも下京の産土神ですから、本文の解説には「京兆尹《けいちょういん》に隷す」と記されています。「京兆尹」とは京職をさし、ここが京都町奉行の支配域にあったことがわかります。なお、伏見街道の榎木《えのき》橋より南は伏見奉行支配となっていました。

　絵は伏見街道に面する大鳥居を真西の方角から眺めたもので、両脇には「玉屋」と「玉鍵屋」とが描かれています。鳥居

を見あげる旅人や、わざわざ荷を下ろして街道から手を合わせる二本差しの侍の姿などが見えます。この場所が年に一度だけ参詣者で埋めつくされる、それが如月《きさらぎ》の初午《はつうま》の日です。

今も昔も、変わることのない赤い鳥居。
多くの参拝者でにぎわっている。

毎年二月初午の日は、和銅年間の例によつて神事となり、其前日より遠近《をちこち》の貴賤群参す。皇都

『諸国図会年中行事大成』巻二　二月初午稲荷詣之図

第一の賑《にぎは》ひなり。

この初午は、稲荷社の祭神が三ヶ峰に降臨されたのが和銅四（七一一）年二月の初午であったことにちなむ祭礼です。そのため、「和銅年間の例」とあるのです。

初午の参詣は、前日の巳《み》の日からまる二日、福徳を授かりたい篤信者でにぎわいました。文化三（一八〇六）年刊の『諸国図会年中行事大成』には次のように記されています。

初午詣亦《まうでまた》巳午市《みむまいち》とも称し、前日早天より当日の夜に曁《およ》び都下近国の貴賤群参跡《あと》を同《おなじう》し、行人容《かうじんたや》易《すく》路を遮《さへぎ》ること能《あたは》ず。其賑《にぎは》ひ三都の内是を一とす。

これをみると、巳と午の両日をさして「巳午市」とも呼び、「三都の内」いちばんの殷賑ぶりをみせたことがわかります。また、次のようにもあります。

古《いにし》へは是日《この》参詣の諸人《しよにん》、神籬《かみがき》の杉の枝を折帰《をりかへつ》て家に納《おさめ》しといふ。此杉を折《をる》こと今は絶《たへ》たり。此辺《へん》の家々に土細工《つちさいく》の狐、鈴、或《ある》は布袋、西行、遊活郎《だいじん》、倡婦《おやま》、其他鳥獣の類《たぐ》ひ、今様風流の偶《にん》人《ぎやう》を作り売る。これを稲荷人形と称し、名だゝる産物なり。またもろくの種物《たなつ》、地黄煎《ぢわうせん》など売

る家あり。或はこの日の売ものとて、烏帽子《ゑぼし》、小き俵、桝など、童の翫愚《もてあそび》とす。思ひ〳〵に是を求めて家土産《つと》とす。是みな此御《おん》神衣食を実給《みのらせ》ふに因《よれ》ばなり。

『再撰花洛名勝図会』巻八　伏見街道群集之図

かつては御神木である「験《しるし》の杉」を授かったのですが、幕末のころには絶えていたようです。その代わりに、街道筋ではさまざまな土産が売られていました。伏見人形（稲荷人形とも）に、烏帽子《えぼし》や俵、桝《ます》をかたどった玩具、深草団扇、植物の種などなど、衣食にまつわるものばかり。

とくに人気があったのが、伏見人形の布袋《ほてい》さま。毎年、小さいものから順に一体ずつ集め、七体揃うと縁起がよいとされていたからです。万が一、七体揃わないうちに不幸にみまわれた場合には、もう一度はじめから揃えなおします。『再撰花洛名勝図会』の挿絵には伏見人形を売る店のようすが描かれています。

京都伏見稲荷神社（約百年前の絵はがき）

◆高瀬川《たかせがは》

市バス：深草下川原町

高瀬川は、角倉了以《すみのくらりょうい》によって開削された、京の町を南北に流れる運河です。本文には次のように記されています。

高瀬の川条《すぢ》は、中頃、内裏御修理の材石を運ばしめんとて角倉了以の作るよし、嵐山の碑に見えたり。高瀬舟は毎朝伏見より荷物を積みて京師に曳上り、夕にまた荷を積みて下る。

この記述の一文目は、『都名所図会』の本文をそのまま引用し

当時のようすを伝える高瀬川、綱引き道も健在である。このような区間は数百メートルしか残っていない。

ています。そのため、二文目が『淀川両岸一覧』独自の情報ということになります。前者が歴史的経緯を伝えるのに対して、後者は河川と人とのかかわりを中心に編集された本書の特徴が

『都名所図会』巻一　生洲

よくあらわれた内容となっていることがわかります。

　この高瀬川を行き交う舟を、俗に「高瀬舟」とよんでいました。絵は高瀬舟が物資を運ぶようすを描いています。舟には俵《たわら》が積まれ、一艘につき二人の船頭たちが両岸から舟を曳《ひ》いているようすがわかります。先述の解説にしたがえば、上り下りとも荷を積んでいたことになる。この情報だけでは、絵が上下のどちらに向かう舟なのか判断することはできません。もし仮に下りだとすれば、川の流れを利用して運ぶことができる。上りの場合には、流れに逆らうため、なんらかの工夫が必要となる。よって、舟を曳く船頭の姿から、この絵が伏見から京へ向かう上り舟のようすを描いていることがわかります。つまり、絵の右が北、左が南です。

　高瀬川の流れについて、本文には次のようにあります。

> 加茂川の西にあり。東竹田の北にて加茂川に合し、又分れて伏見に出る。加茂川は竹田の銭取《ぜひとり》はしの橋下を流れて、小枝の橋を経て淀川に入。〔中略〕東竹田の街道は此高瀬川に添ひ、或は離れて下るなり。

高瀬川の曳船（約百年前の絵はがき：京都府立資料館蔵）

高瀬川は鴨川の西をほぼ並行しながら流れています。ただし、五条橋付近では橋が両川をまたぐほどに接近し、「銭取はし」すなわち勧進《かんじん》橋の北あたりでついに鴨川に合流します。その後、左岸に分かれ、伏見の町を流れ、やがて宇治川に合流します。一方の鴨川は、勧進橋から鳥羽の小枝橋を通過し、淀川へと注ぎこむのです。解説にある「東竹田の街道」とは竹田街道のことをさし、二つの川と同じような経路で京と伏見の町とをつないでいました。陸と川のルートが時には並行し、交差し、近づいたり離れたりしていたため、健脚をほこる旅人は陸、「老人足弱の徒」は川という具合に、旅人たちは使い分けをしていたのです。

絵の右側、健脚自慢の旅人たちが高瀬川に架かる小橋を渡ろうとしています。彼らの背後には鬱蒼とした竹林。

虫の音の　中を上るや　高瀬ふね

舎蕃

絵の左上にある賛の発句の状景とイメージが重なります。

◆竹田分道《たけだのわかれみち》　安楽寿院《あんらくじゅゐん》

市バス：竹田城南宮道

洛中から、南へ行くこと一里足らず。平安時代後期、鳥羽の地には壮大な離宮が造営され、上皇たちによる院政の舞台となりました。まず、長保三（一〇〇二）年、白河上皇によって南殿が創建されます。そして、久寿元（一一五四）年、鳥羽上皇による田中殿の創建まで、徐々に離宮はその範囲を広げていきました。保延三（一一三七）年、そのうちのひとつ、東殿に、鳥羽上皇が御堂を建立されました。

国道24号線と竹田街道の分岐点から北へ行くと、西側に「城南宮道」と記された道標が建つ。

これが安楽寿院のはじめです。絵は安楽寿院を南東の方角から眺めた景色です。右手奥にみえるのは愛宕《あたご》山、手前を左右に走るのは竹田街道と車道《くるまみち》です。都へと向かう牛車は、伏見の港

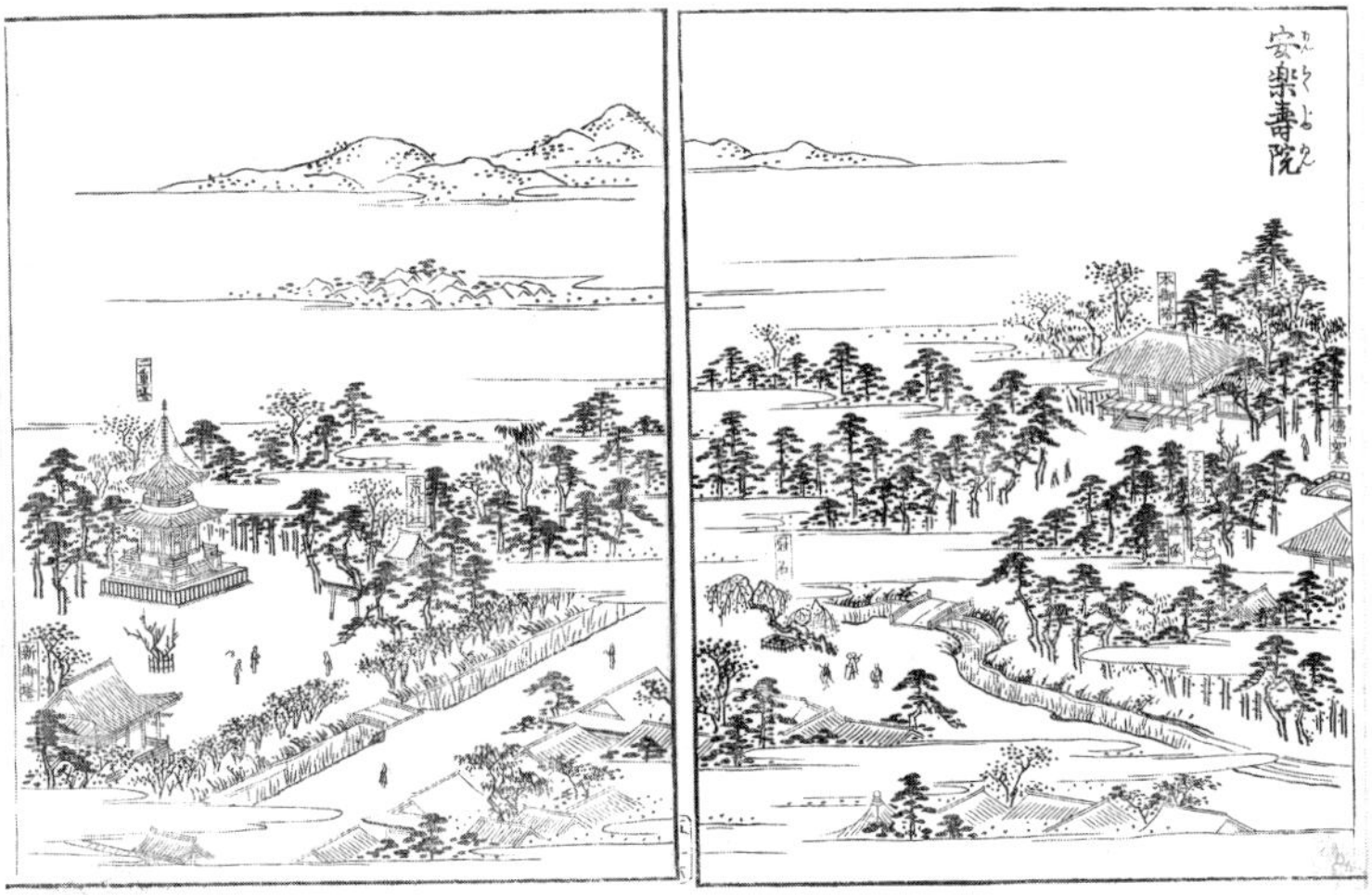

『都名所図会』巻五　安楽寿院

で荷揚げされた米俵を積んでいます。その後方からふたりの人足が天秤棒で荷を担ってやってきます。絵の中央の道標には「右東六条」「左西六条」の文字。人足たちはこの分道から左へ行き、鳥羽の作り道を北上します。一方の牛車は、このまま竹田街道を上がっていくのです。

現在、この付近には「城南宮道」の道標が建ち、かつての分道の名残を伝えています。

ところで、安楽寿院は新義《しんぎ》真言《しんごん》宗智山《ちさん》派の寺院で、『都名所図会』の解説には次のように記されています。

竹田里不動院の北なり。鳥羽上皇脱離の後、城南の離宮にましく、北殿をひらきて、當院をいとなみ、保延三年十月十九日覚行法親王を導師として慶し給ふ。

一読すると「北殿」と安楽寿院とが同一であるような印象をうけます。ですが、先述したとおり、安楽寿院は東殿に建っている。つまりこの記述は、ともに鳥羽上皇の造らせた施設であると解説しているのです。このように、周辺には上皇ゆかりの遺構が点在しています。

『拾遺都名所図会』巻四　鳥羽甜瓜

たとえば、「碁盤の梅」。隣接する鳥羽天皇陵の法華堂の右脇に、この梅樹がいまも残っています。本文の解説には次のようにあります。

> 鳥羽上皇、城南の宮中において囲碁を禁じ給ひ、碁盤を集めて此樹下に埋めさせ給ふ。此ゆへに名とせり。當院は今に至りて囲碁を禁じけるなり。

当時の離宮で、囲碁に夢中になるあまり執務や修行をおろそかにする者が増えたために、上皇は碁盤を集めて埋めてしまいました。そこに植えられたのが「碁盤の梅」というわけ。藤原明衡《あきひら》の『新猿楽記《しんさるごうき》』には「双六、囲碁、将棋」が盤を用いる遊びとしてあげられています。仕事に支障をきたすほどまで、当時の人びとにとって、魅力ある遊興であったことが知られます。

絵の安楽寿院は、往時とは異なり、鳥羽田のなかに建つひっそりとした名刹として描かれています。江戸時代には、天皇や貴族ではなく、労働者が行き交う土地となっていたのです。

◆柳茶屋《やなぎのちゃや》　車道《くるまみち》

市バス：札ノ辻

江戸時代に主要街道として機能していたものが、近代になって国道になる、ということはそれほど珍しいことではありません。たとえば、東海道は一号線、山陰道は九号線。京と伏見とをつなぐ街道のうち、竹田街道とよばれたルートは、現在の国道二四号線となっています。

この街道は、洛中でいうところの東洞院《ひがしのとういん》通の道すじにあたる。江戸時代、東洞院通九条村には柳茶屋《やなぎのちゃや》という店があったこと、本文の解説によって知られ

虫籠《むしこ》窓のある町家。当時の姿をとどめる低層の建物は数えるほどしか残っていない。

ます。「車道の傍に柳の並木ありて、美しき茶店」が軒を連ね、そのうちの一軒が柳茶屋だったのです。

絵の左にみえる店の、軒に吊られた提灯には「柳茶屋」の文

『拾遺都名所図会』巻四　鳥羽作り道

字。店先に設けた床几《しょうぎ》に腰掛け、煙管《きせる》をふかす人たち。奥にはふたりの旅人が一献さす姿もみえます。

　絵の手前、荷を満載した牛車が左から右に行くのがみえます。これは伏見で荷揚げされた大坂方面からの物資で、洛中へと運んでいく最中なのです。ですから、絵の右が北、左が南ということになります。絵の左上、賛の発句は次のとおりです。

おそろしの　九条あたりや　初茄子　　桃只

上句の「おそろし」ということばをとおして、当時すでに柳と幽霊との取り合わせがひろく共有されていたことが知られます。店の屋号から連想される発句のイメージとはうらはらに、挿絵はうららかな春の状景を描いています。

　ところで、柳茶屋のおもてに面する竹田街道は、街道を旅人が、一段低い専用道を牛車が通るというぐあいで、それぞれに使い分けをしていました。おそらく、ここを利用する旅人と牛車の量がそれだけ多かったということなのでしょう。一方、竹田街道の西にも鳥羽《とば》の作《つく》り道が通っていました。この両道の往来を描く挿絵が、天明七（一七八七）

『拾遺都名所図会』巻四　竹田街道

年刊の『拾遺都名所図会』に収載されています。

竹田街道の絵の解説には次のように記されています。

> 竹田街道を通ふ車牛は日毎に伏見より都へ貨物を積みたる也。炎暑には夜を日にかへて牽通ふは牛の疲れざる要意にして、牛を飼ふのならひなりとぞ。

描かれた柳のようすから「炎暑」ではないとみられますが、「要意」を心得、牛の背に日よけがつけられているのがわかります。ここでもまた、牛車と旅人は別の道を通っていることがわかります。

これに対して鳥羽作り道の絵は、魚荷を運ぶ人足の一群とすれ違う旅人のようすを描いています。ここは本来、産業用に使用される街道で、「都の市へ日毎に魚荷の鳥羽畷を走」る姿があったと絵の上部に記されています。なるほど、なるほど。旅人はそのことを知らずに作り道を南行してしまったのです。もしこれが竹田街道であれば、お互いの通行の邪魔にはならないのです。

◆東竹田《ひがしたけだ》　藤茶屋《ふぢのちやや》

市バス：棒鼻

街道を行く旅人にとって、腰掛けて憩うことのできる茶店はなくてはならない存在です。疲れを取るばかりでなく、そこで地域に関する情報を手に入れることもできる。そのため、主要な街道沿いに茶店が点在していることはゆえなしとしないのです。

江戸時代、竹田街道にもまた、藤茶屋とよばれる茶店がありました。本文には次のように記されています。

東竹田村にあり。茶店に藤の棚あり。ゆゑに名とす。

茶屋もなくなり旅人の賑わいは姿を消したが、今は環境にやさしく整備された七瀬川に人が集う。

絵をみると、店名の由来でもある藤棚が、軒で日陰をつくる役割を果たしていたことがわかります。花は、ちょうど見ごろをむかえなんとする咲き具合。初夏の雰囲気がよく伝わってきます。また、先述の解説には「東竹田村」とあり、絵の向こう側に車道が通っていることから、この茶店が竹田街道に面していたことがわかります。

絵の右上には、賛の狂歌と発句がひとつずつ。

龍宮にまさる茶店はたこに鯛に
豆腐はたらく藤浪の底　力丸

その奥に　のれん掛けたり　ふじの花　伴水園

狂歌の詠者は鬼粒亭力丸という、『淀川両岸一覧』の挿絵を担当した松川半山《まつかわはんざん》の父です。歌にある「たこに鯛」と「豆腐」はここの名物料理であったようです。というのも、大坂方面で水揚げされた魚介は伏見に運ばれ、陸路を通って都へと運ばれました。ルートの途中に位置する藤茶屋では、都よりもひと足先に、客に供することができたのです。

一方の発句の作者は、伴水園またの名を八木芹舎と申す俳人です。盛りともなれば、店の暖簾《のれん》よりも外側にある藤の花房が、頭上から暖簾よろしく下がっている状景を吟じています。

「ふぢ茶屋」の提灯《ちょうちん》を下げる店内には、旅人がそこここで憩うようすがみえます。軒の床几《しょうぎ》に腰掛けて、名物の藤を見あげつつやすむ者。右下の土間の小上がりでは、ゆったりと料理を楽しむ「花より団子」の人びと。もうひとつの名物である魚料理に舌鼓をうちながら、伏見の酒を味わう男がふたり。店の女中、「伏見のお酒はおんな酒いうて、やらかい風味が料理にあいますやろ」と、接客しています。

ところで、車道を行く牛車には荷が積まれていません。このことから、都から伏見への帰路であることがわかります。本文には次のようにあります。

右は、東洞院通の街道を伏見黒門口に至る道条《みちすぢ》なり。

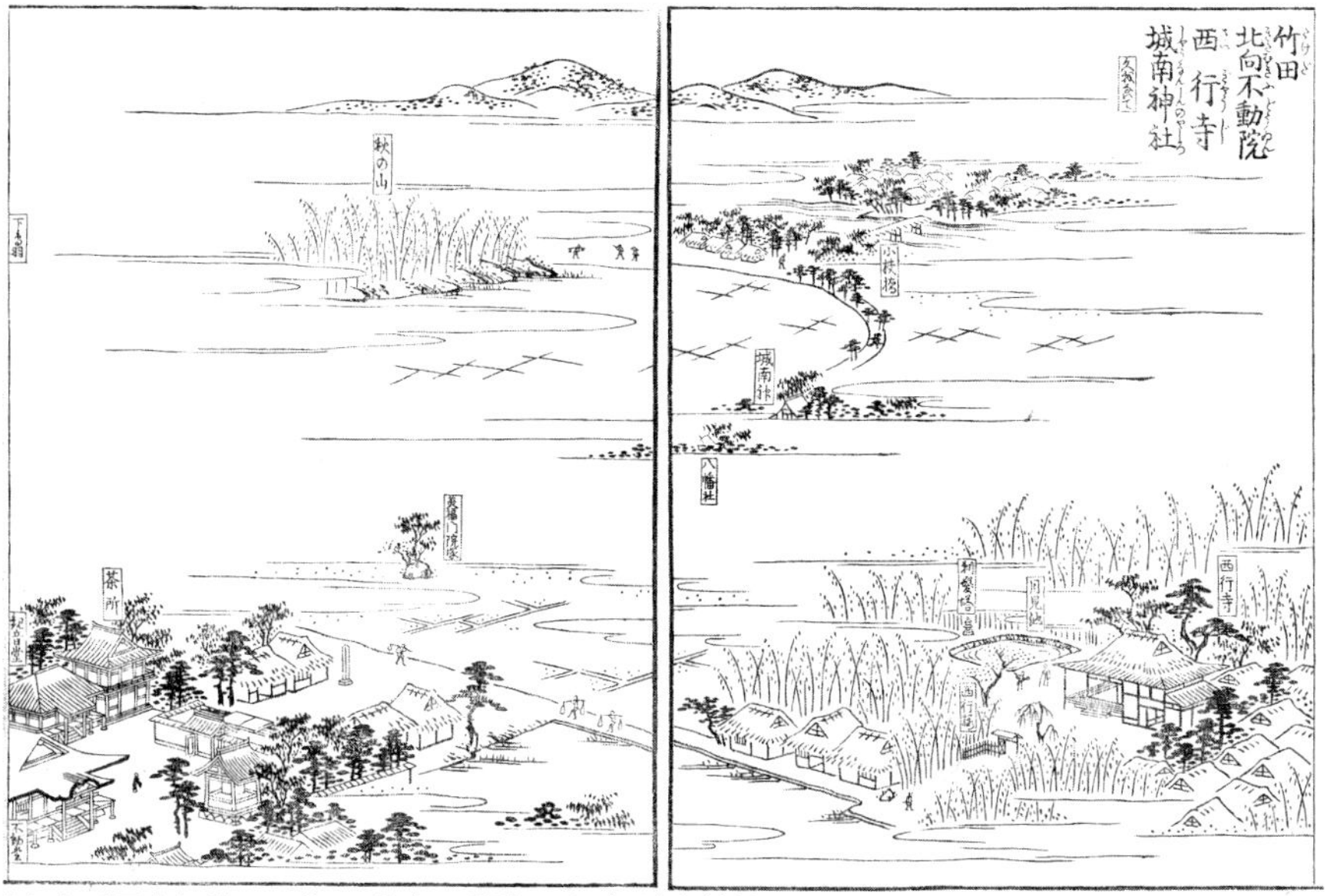

『都名所図会』巻五　竹田 北向不動院 西行寺 城南神社

藤茶屋は竹田街道の西側にあり、絵は店から北東の方角を眺めた景色ということになります。つまり、ここから「右」へ進むと「伏見黒門口」にいたるのです。また、ここから西に行けば、安楽寿院に、城南宮《じょうなんぐう》ということになります。店先の駕籠、「伏見にはいるまえに、この藤を、ようご覧」と、客に勧めているところ。しかし客は、「先を急いでくれ」と出ようとしません。駕籠《かご》のかき手は、あわてて煙管《きせる》の灰を落としています。

◆宝塔寺《ほうたうじ》

京阪電車：深草駅／ＪＲ奈良線：稲荷駅

深草山《じんそうざん》宝塔寺《ほうとうじ》は、日蓮宗妙顕寺派の寺院です。本文の解説には次のようにあります。

当寺は旧極楽寺《ごくらくでら》にして真言、律を兼たり。延慶年中より法華道場と改む。

そもそもこの地は、昌泰二（八九九）年に建立された極楽寺のあったところ。『源氏物語』の「藤裏葉《ふじのうらは》」のなかで、内大臣の母の法要がおこなわれる寺院として登場します。藤原氏の菩《ぼ》

山門が建立されているが、その向こうへ延びる参道に当時の面影を感じる。

提寺《だいじ》として栄えましたが、その後、時代の移りかわりとともに荒廃します。鎌倉時代の後期、日像《にちぞう》上人によって再興され、真言宗から日蓮宗に改められました。

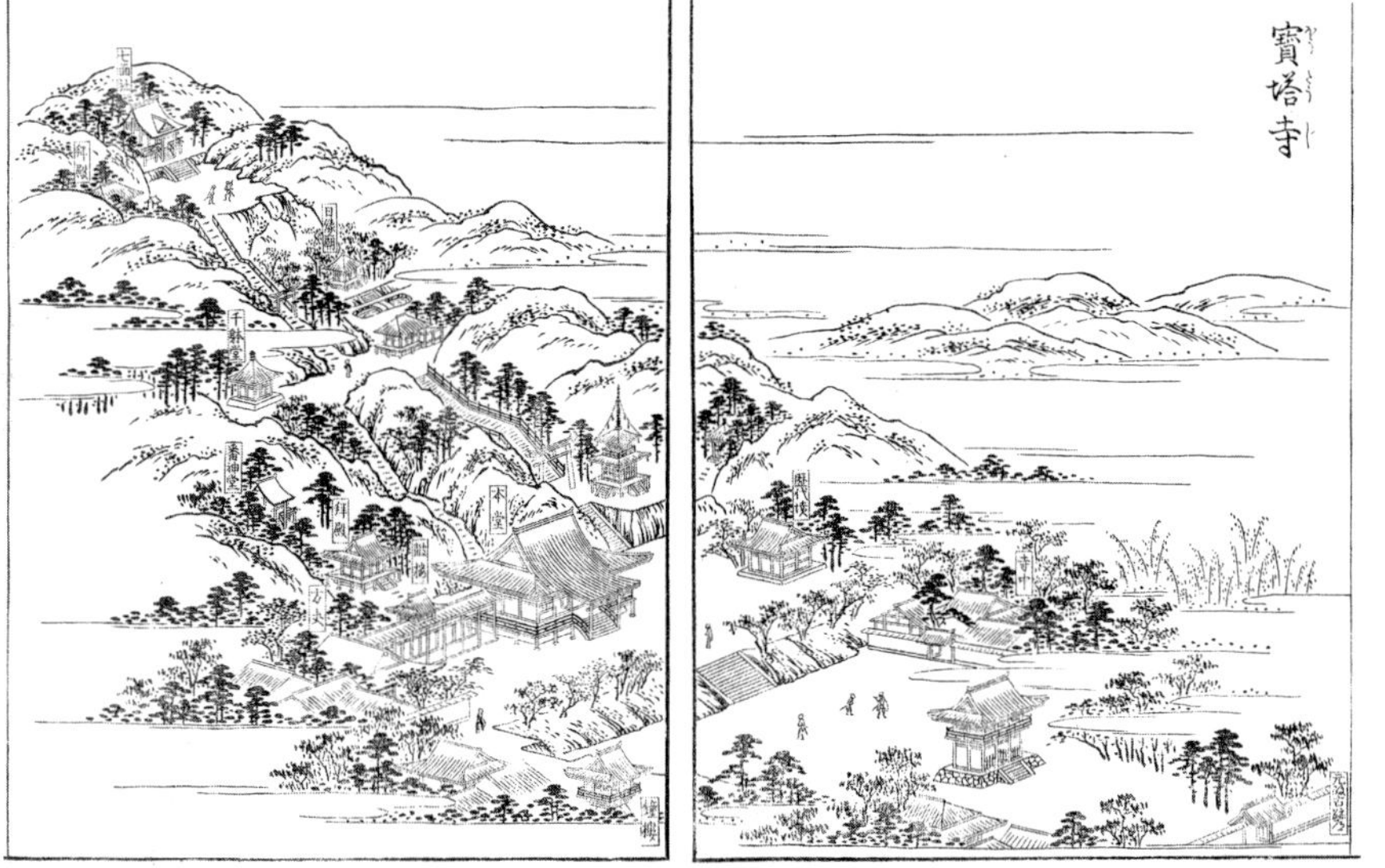

『都名所図会』巻五　宝塔寺

絵は伏見街道から宝塔寺を眺めた風景を描いています。街道沿いには「寶塔寺」の石碑が建ち、旅人にその存在を知らせています。また、右側にある松の大木の向こうには、「南無妙法蓮華経」と刻まれた石碑もみえます。

その石碑を街道から指さす男女の旅人。振り袖の娘さん、かってこの場所で結婚の許しを得た夕霧《ゆうぎり》と雲居雁《くもいのかり》のことを思い出しているのかもしれません。「ここにお参りをすれば、幼い頃の恋は成就するんやろうか。」現在、宝塔寺門前に極楽寺町という地名だけが残り、往時をしのばせています。

また、宝塔寺の北側に、百《ひゃく》丈山《じょうさん》石峰《せきほう》寺という黄檗《おうばく》宗の寺院があります。当寺は正徳三（一七一三）年、黄檗山萬福《まんぷく》寺の六世千呆《せんがい》和尚により、禅道場として創建されました。本文の解説は次のとおりです。

当寺の後山《うしろのやま》に石像の五百羅漢を造立し、霊鷲山を爰《こゝ》にうつす。其形勢《ありさま》中央釈迦牟尼仏、周に十六羅漢五百の大弟子囲繞《いにょう》し釈尊説法の体相を作る（羅漢の像おの〳〵三尺ばかり。いづれも自然石をいさゝか工をくはへ形とす。僧若沖の指麾《しぎ》と聞ゆ）

『都名所図会』巻五　百丈山石峰寺

これをみると、石峰寺のみどころが「僧若沖」すなわち伊藤若冲《じゃくちゅう》が下絵を描いて彫らせたという五百羅漢であったことがわかります。ところが、『都名所図会』には羅漢についての簡単な解説が挿絵に付されているものの、若冲の名をあげてはいません。それもそのはず。若冲が羅漢を制作したのは安永から天明の頃で、同書は安永九（一七八〇）年に出版されました。そのため、最新の情報としてふれるにとどめ、制作者の名を記さなかったのでしょう。

正徳六（一七一六）年に青物屋の長男として生まれた若冲は、絵を描くこと以外に興味を示さず、不惑になると弟に家督を譲ってしまいます。さらに、晩年の若冲は世俗を遠ざけ、出家した妹とともに石峰寺の門前に閑居したといいます。清貧に生き、ただ画筆だけを専らとした若冲は、石峰寺境内の墓地に眠っています。

◆伏見《ふしみ》 藤森社《ふぢのもりやしろ》

京阪電車：墨染駅／JR奈良線：JR藤森駅

藤森社《ふじのもりやしろ》は、神功《じんぐう》皇后が大陸から凱旋された際、御旗を納め、祭祀をおこなった地であると伝えられています。深草一帯の産土神で、祭神は十二柱あり、本殿中央に素盞嗚命《すさのおのみこと》、別雷命《わけいかづちのみこと》、日本武尊《やまとたけるのみこと》、応神天皇、仁徳《にんとく》天皇、神功皇后、武内宿禰《たけうちのすくね》の七柱が、本殿東殿に舎人《とねり》親王、天武天皇の二柱が、本殿西殿に早《さわ》良《ら》親王、伊豫《いよ》親王、井上《いのえ》内親王の三柱が、それぞれに祀られています。本文には「本朝武功の神を配祀し奉る」とあり、武運

神社の鳥居、社殿、石灯籠と変わることがなく、今も多くの人が参拝している。

を祈願する神社であったことがわかります。絵は本殿の南側、鳥居前の参道を描いています。

当社の祭神のうち、早良親王にまつわるエピソードが『都名所図会』に紹介されています。

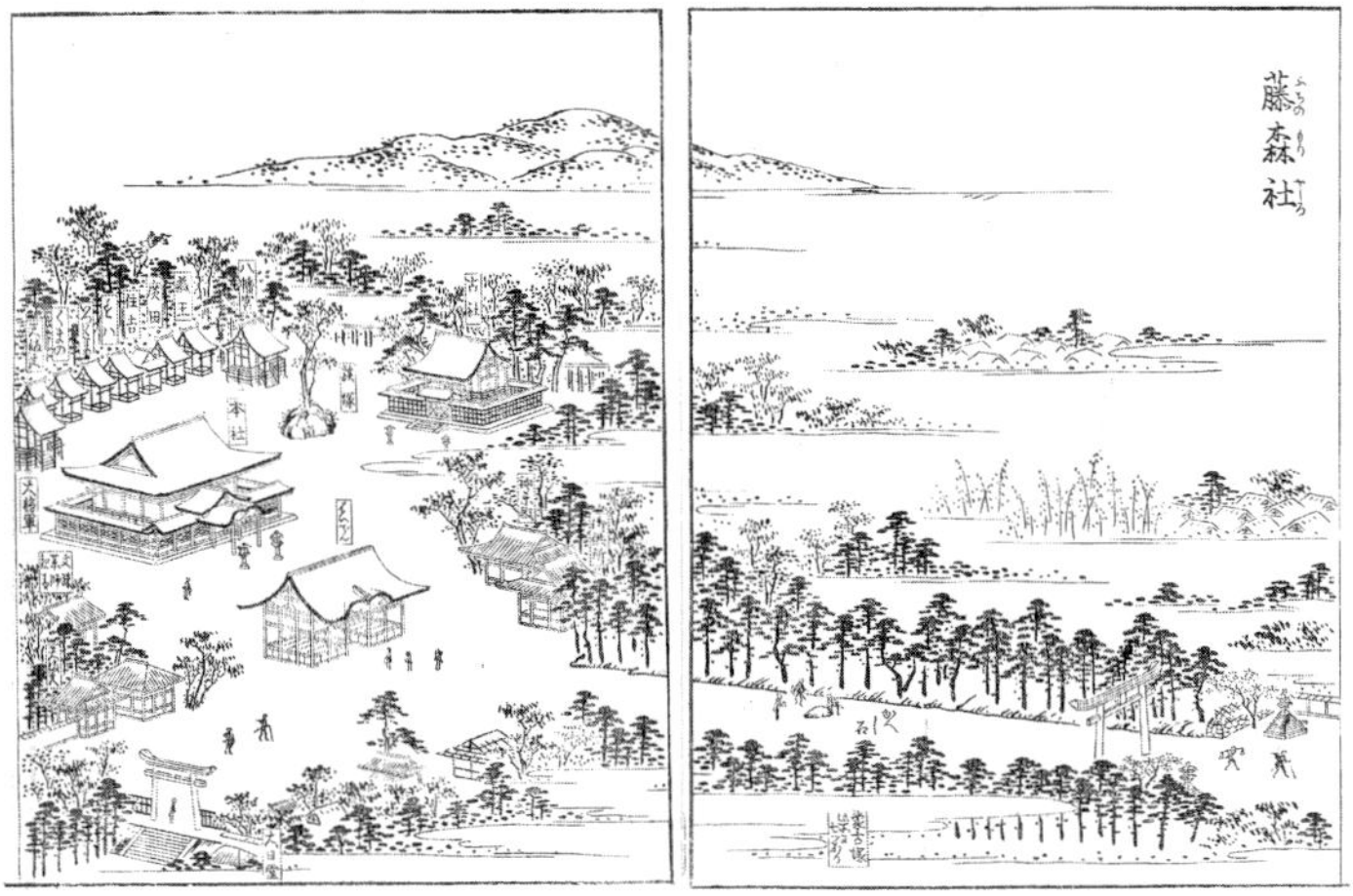

『都名所図会』巻五　藤森社

藤の森の祭は毎年五月五日にして、当社の神蒙古退治の為出陣し給ふ日なり。〔中略〕世に端午の佳節に武者人形をかざるは、蒙古退治の吉例より始る。

この「藤の森の祭」は、旧暦、新暦ともに五月五日におこなわれています。なぜなら、早良親王が陸奥《むつ》でおこった反乱征討に向かう折、ここで武運を祈願し、五月五日に出陣したからなのです。ゆえに、端午の節句に武者人形を飾るようになったとしています。なお、「蒙古退治」とあるのは、陸奥の平定をさすとみてよいでしょう。また、藤森祭について本文は次のように記しています。

例祭五月五日、神輿渡御あり。産子は宵宮より神前に鎧をかざり、祭日は一の橋より稲荷、藤の森にて朝より走り馬あり。いづれも軍陣の行粧をなし、天下平安の祈りとすといふ。

五月五日の祭礼にあわせ、氏子は前夜から甲冑《かっちゅう》や鎧《よろい》を神前に飾る。祭の当日にはそれを身につけて、伏見街道の一の橋から稲荷、藤森の氏子町を練り歩くのです。現在おこなわれている武者行列のうち、「朝渡《あさわたり》」は早

『都名所図会』巻五　藤森祭の走り馬

良親王、「皇馬《こんま》」は清和《せいわ》天皇、「払殿《ほって》」は神功皇后の軍装を模したもので、これに「七福神」の列が加わります。

とくに「走り馬」とある駆馬《かけうま》神事は人びとの耳目を集め、祭のみどころとなっていました。氏子たちは馬を疾駆させながら、さまざまな妙技を披露します。技の数は時代によって変化しますが、手綱《たずな》潜り、逆乗り、矢払い、横乗り、逆立ち、藤下がり、一字書きの七種が、現在もおこなわれています。『都名所図会』の挿絵に当時の駆馬のようすをみることができます。絵の左側、いままさに技を披露せんとする二騎の乗り手は神妙な面持ち。一方の、右側で待機する四騎。烏帽子《えぼし》をかぶった若者たちは緊張したようすですが、扇を手にした二人は余裕の笑みを浮かべています。まだ祭りに参加してまもない若手とベテランとの差を、その表情から読みとることができるのです。

炭太祇《たんたいぎ》に、藤森祭を吟じた発句があります。

下手乗せて　馬も遊ぶや　藤の森

乗り手とは異なり、馬には余裕があるというのが、ユーモラス。

◆藤杜岐道《ふぢのもりわかれみち》

京阪電車：墨染駅／市バス：藤森神社前

江戸時代、東国方面から大坂へと向かう旅人は、東海道を西行するのが一般的でした。東海道は五十三次で知られていますが、五十七次とする場合があり、終点も京の三条大橋東詰でなく大坂の高麗《こうらい》橋東詰となります。この五十七次の東海道は、京に入ることなく、伏見から大坂へと抜けることができました。そのため、西国大名が参勤交代の際に通行するルートとして定められていました。天子のおわします皇都に彼らが近づく

藤森の分岐点の近くを流れる琵琶湖疏水も、かつてはなかった景観である。

ことを恐れ、徳川幕府がこのような措置をとったのです。

まず、近江《おうみ》の大津宿から西へ進み、追分《おいわけ》で南行します。追分から山科を通り、小野で西行、勧修寺から深草の里谷口山へと

『拾遺都名所図会』巻四　谷口 桓武天皇陵

進み、藤森社の南西で伏見街道にはいり、伏見の町へと向かいました。絵はその「岐道」、伏見街道と東海道との分岐地点を描いています。左下の道標には「左京みち」とありますから、左が北、右が南。左奥へ進むのが東海道ということになります。

南東角には「御やど」、「一ぜんめし、さけ」の提灯をさげた店。少し南の墨染から街道が分岐するポイントまでの界隈には「旅舎、貨食家《りやうりや》」が軒を連ねていたと本文にも記されています。ここで宿泊するもよし。ちょっとした休憩するもよし。あるいは、旅装を解き、皇都にはいる身支度をするのに利用されました。

「御やど」の前にみえる駕籠《かご》、傍らにひかえるふたりは二本差しです。おそらく、御家人クラスの侍が乗っているとみてよいでしょう。これから東海道を進むとみえ、駕籠かきたちが草鞋《わらじ》をととのえているところ。また、その先、東へ折れたところにも小者を連れた侍がみえます。諸大名のみならず、特別な用向きがない場合、武家方は京の町を避けて通行していたことがわか

『諸国図会年中行事大成』巻一　梅渓遊宴之図

ります。

絵の左端、中央に木戸がみえます。この先は山道となりますから、こうした木戸を設け、夜間や緊急時には閉めたのです。東海道をここから少し歩けば、南に桓武天皇陵が見えたといいます。現在の桓武天皇陵は、伏見桃山城付近にあります。けれども、『拾遺都名所図会』に載るそれは、大亀谷《おおかめだに》御陵墓参考地とよばれる候補地のひとつを紹介しています。

絵の上部、賛の発句は次のとおりです。

梅さくや　伏見は牛の　むちにまで
南谿

作者は橘南谿《たちばななんけい》、伊勢出身の医者です。若くして京に上り、京坂に住まいました。数度の転居を重ね、病を患った折には伏見に居を構えることもありました。というのも、伏見は洛中よりも気候が穏やかで、療養に適していたのです。先述の桓武天皇陵のあたりは、江戸時代、「梅渓《うめだに》」とよばれる観梅の名所でした。南谿はその梅を眺めつつ、この地の陽気を実感したのでしょう。

◆墨染《すみぞめ》 有馬稲荷《ありまいなり》

京阪電車：墨染駅／市バス：墨染

伏見街道を、北の起点である五条通から南下すると、しばらくは直線の経路が続きます。その後、稲荷社、藤森社を過ぎ、墨染町通との交差地点で西行し、墨染《ぼくせん》寺の角からふたたび南へ歩を進め、伏見の町へと向かいました。

　絵は伏見街道と墨染町通の辻を北西の方角から描いたものです。左側の中央寄りにみえる鳥居が有馬稲荷。おそらく、当時の旅人にとって、辻の南東にあった有馬稲荷はルート変更の目

墨染寺の東ならびに有馬稲荷があったというが、その面影をみることはできない。

印となっていたはず。このポイントを挿絵に描きこむことで、読者に街道の情報を伝える効果があったのです。

また、絵の右側にみえる建物は揚屋《あげや》です。客に呼ばれた遊女

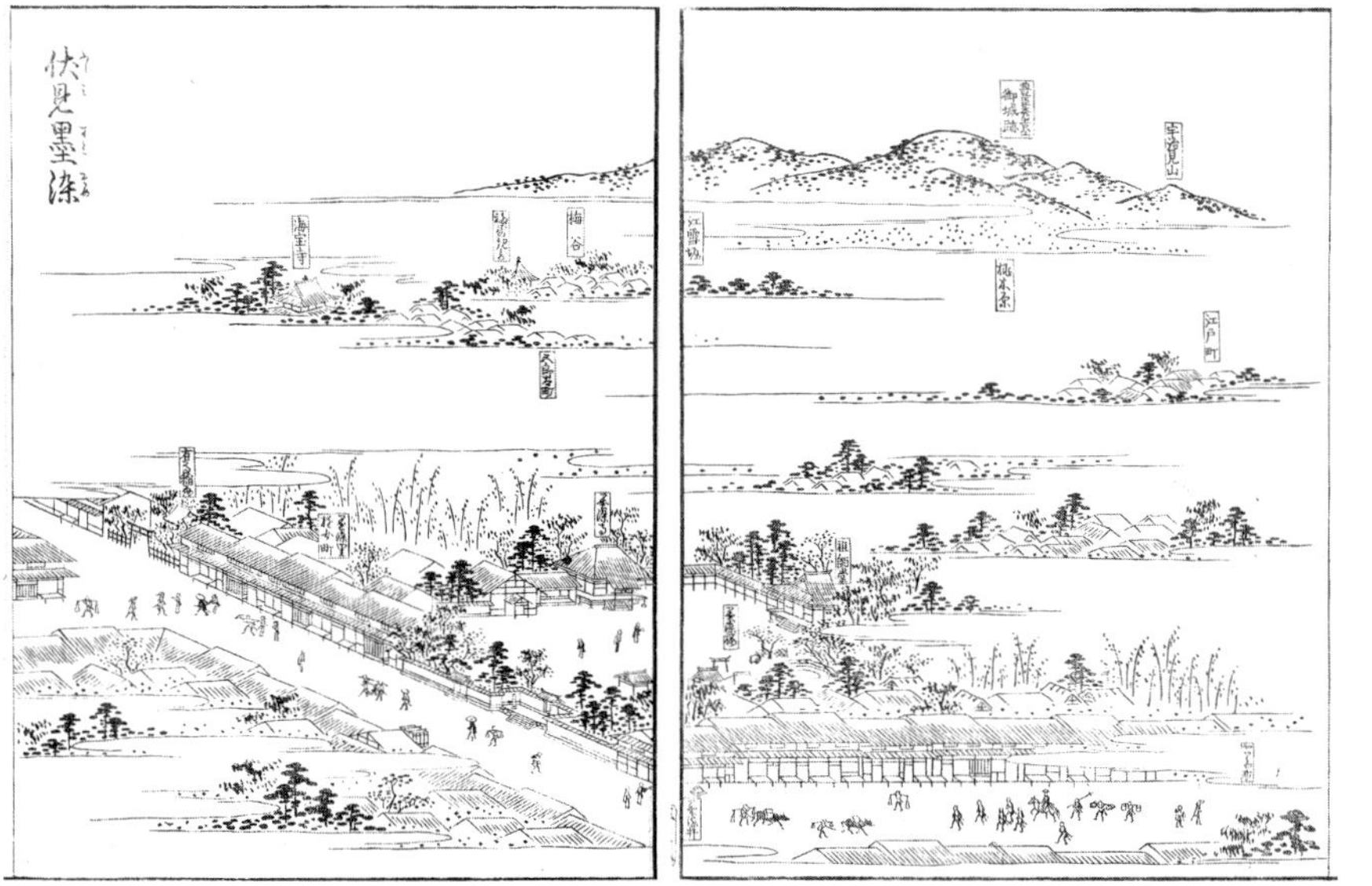

『都名所図会』巻五　伏見墨染

が中へ入っていく姿が描かれています。江戸時代、ここより南西の界隈には撞《しゅ》木《もく》町という遊里がありました。本文には次のように紹介されています。

墨染の地名、世に名高し。今は伏見街道にして、旅舎《はたごや》・貨食家《りやうりや》建つゞき、歌舞の声、糸竹《いと》の音、平《つ》生《ね》に有て最賑はし。

その噂を耳にしているのか、揚屋の前を行く旅人も彼女たちのほうに目をやります。一方、すれ違う二本差しの侍は目もくれずに従者に指示をしているようす。それぞれの立場によって、目のやり場も異なるのです。

絵には描かれていませんが、揚屋の並びを西へ行くと、桜の名所で知られる墨染寺があります。貞観一六（八七四）年に藤原良房が孫にあたる清和天皇の加護のために貞観寺《じょうがん》を建立しました。時代の流れとともに荒廃し、豊臣秀吉により墨染寺として再興されたといいます。「墨染」という名は『古今和歌集』

の上野《かみづけの》岑《みね》雄《お》の和歌にちなむもの。

深草の野辺の桜し心あらば　今年ばかりは墨染《すみぞめ》に咲け

藤原基経の死を悼んで詠んだこの歌は、基経にゆかりのある深草の桜木が墨色に咲いたという故事とともに伝えられています。そのため、本文には次の一文が記されているのです。

むかしはこの所までも深草といひて、野辺に桜多かりしとぞ。

ただし、江戸時代にはすでに初代の「墨染桜」は絶えていたこと、解説によって知られます。すなわち、

墨染桜　堂前にあり。古歌によりて後世にうゆる所也。いにしへの墨染ざくらは是よりはるか艮《うしとら》の方なりとぞ。今其古跡詳ならず。

絵の左上には賛の狂歌がみえます。

桜木もおよばぬふりのうつくしく　咲くゆふぐれの墨染のはな

鶏成

ここにいう「墨染のはな」とは撞木町の遊女のこと。いにしえには追悼の意を汲んだとして賞賛された桜も、江戸時代には遊女の美しさと比較される対象になっていたことがわかります。

ちなみに、詠者の「鶏成」は「鶏明舎暁《あかつき》鐘成《かねなる》」、つまり『淀川両岸一覧』の編著者自身。「傾城《けいせい》」に音を掛けているのです。

◆欣浄寺《ごんじやうじ》

京阪電車：墨染駅／市バス：墨染

江戸時代、深草の里の名物として、次のようなものがありました。

土器、風炉、その外土細工の人形、器物、また蕃椒の粉、団等

これらはみな、「すこぶる世に名高」かったと、本文には記されています。松尾芭蕉の高弟「蕉門十哲」のひとり、向井去来に、このうちの団扇を詠じた狂歌が残されています。

門の向こうに御堂が見える。ブロック塀を江戸時代の形態に変えるだけで景観が変わることになる。

深草の団少将安ければ　京の小町に買はやらかす

江戸時代、ここの団扇《うちわ》は深草団扇と呼ばれ、求めやすい値で人気を博しました。その深草団扇と、深草の少将と小野小町にまつわる悲恋物語を、掛詞に仕立てているのが、この歌のみどころです。

能楽「通《かよい》小町《こまち》」に、小野小町に懸想した深草の少将が百《もも》夜《よ》通いを試みるも九十九夜目に亡くなってしまうというエピソードがあります。その深草の少将が住んでいたとされている場所に、欣浄《ごんじょう》寺はあります。

現在、清涼山《せいりょうざん》欣浄寺は曹洞宗の寺院です。ただし、『淀川両岸一覧』の本文には「浄土宗」と記されています。もとは真言宗であったのを曹洞宗に改め、さらに真言宗、曹洞宗と改宗を重ねた経緯があるからです。また、『都名所図会』は次のように紹介しています。

墨染の南にあり。浄土宗にして、本尊には阿弥陀仏を安置す。〔中略〕此地いにしへ深草少将の第宅なり。寺記に曰、四位少将は深草大納言義平卿の長子にして、少将義宣卿と号す、弘仁三年三月十六日此所において卒し給ひぬとかけり。

そもそも深草の少将は架空の人物です。モデルだといわれる人物には諸説あり、ここでは「深草大納言義平卿」の子「義宣卿」であるとしています。

絵は欣浄寺の山門を北西の方角から眺めた風景です。左右に走るのが伏見街道で、右へ行くと伏見、左へ行くと京の町。絵の中央手前には、菅笠《すげがさ》に杖を持つふたりの旅人がみえます。「ここが世に名高い百夜通いの寺かいな」と、奥の山門へと向かうようす。街道を行く旅人にとって、興味をひく名所であったことがわかります。また、街道の右手から北へと向かう旅の侍。ロマンティックな伝説も、彼にとっては無用の長物とみえ、目もくれずに先を進んでいきます。

ところで、本文は『続千載和歌集』の次の和歌を取りあげています。

深草や竹の下道分け過ぎて　ふしみにかゝる雪の明けぼの

『都林泉名勝図会』巻三　深艸里 墨染 花魁

前関白太政大臣

これは深草の少将が九十九夜目に降った大雪で亡くなったことを詠じています。これに対して、絵の左上、賛の発句は次のとおり。

解て行　雫せ
はしや　雪の
笹
醒花

欣浄寺の傍にある撞木《しゅもく》町は大石内蔵助《くらのすけ》が山科から通った揚屋「笹屋」のあるところ。時代が変われば、雪も解けて雫となるのです。

◆伏見《ふしみ》 京橋《きやうばし》

京阪電車：伏見桃山駅／近鉄電車：桃山御陵前駅／市バス：京橋

江戸時代の伏見は、京都町奉行ではなく伏見奉行の支配下にありました。ですから、伏見と京都をつなぐ経路にあった橋を「京橋」とよんだわけです。

絵は京橋界隈を西側から眺めた風景で、右手、京橋の奥にみえるのが蓬莱《ほうらい》橋です。本文の解説には橋の「北詰に高札場」があったことが記されています。この絵で確認することはできませんが、左の中央寄り、民家と民家のあいだに屋根の部分だけ見えているのがそれです。

3 伏見〜淀

京橋から宇治川派流を見る。派流には酒蔵が建ち並ぶ一角もあり、観光客でにぎわっている。

大阪方面から上洛する旅人はこの伏見浜で下船し、その後、京をめざしました。そのため、この高札場でさまざまな情報を得たのです。

絵の右下には、いままさに船

を下りようとする人びとと積み荷のようすが描かれています。手前にみえる過書船《かしょぶね》は旅人を乗

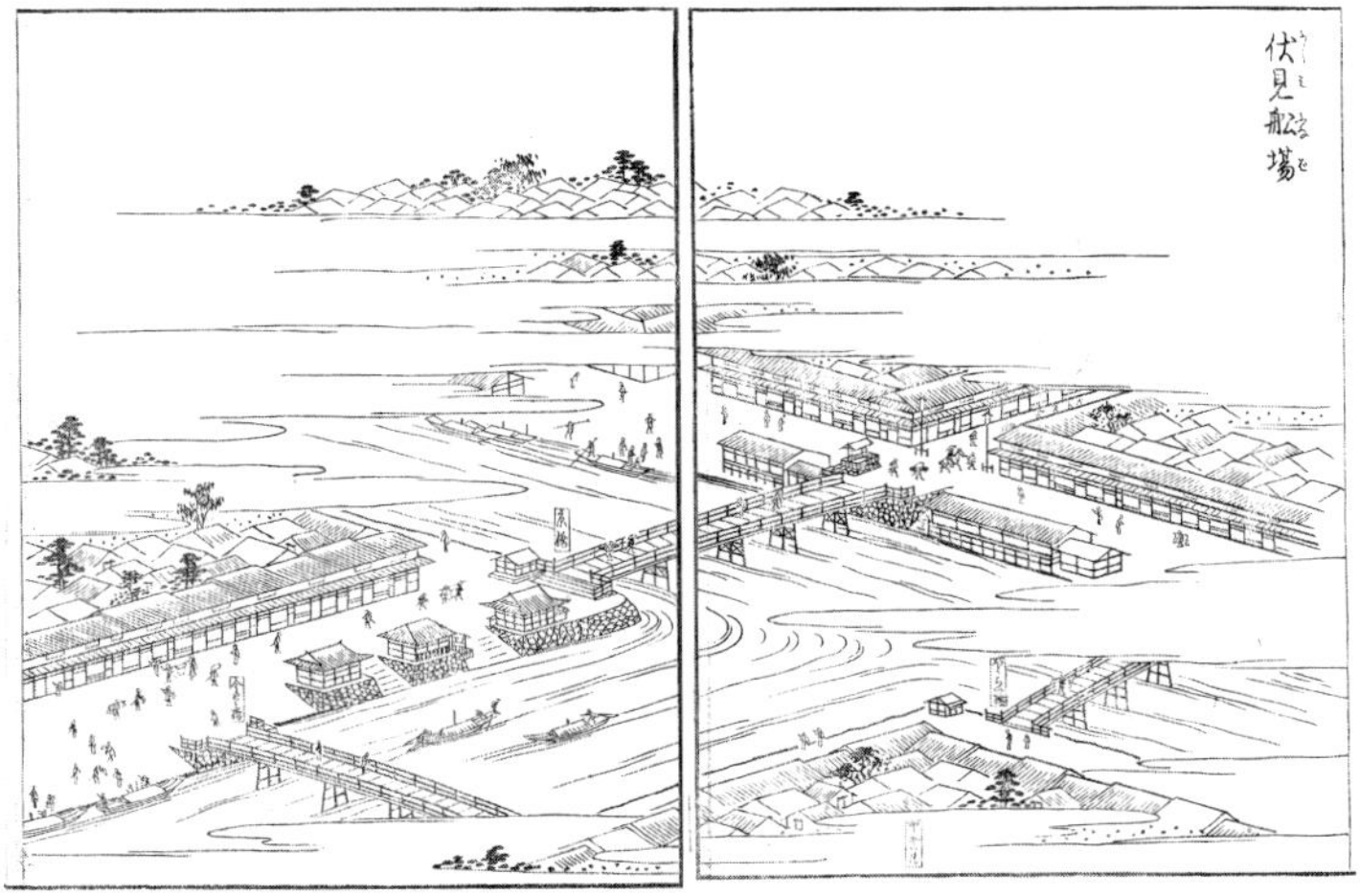

『都名所図会』巻五　伏見船場

せたまま。これは、すでに着岸している船が人や荷を下ろし終えるのを待っているのです。下船する旅人を岸で待ちかまえるのは、京橋周辺にあった宿の客引きたち。待ちきれず、水上と陸上とで交渉を始めているようす。解説にはこうあります。

当橋《このはし》の辺《ほと》りは浪華《らうくは》より京《けい》師《し》に上下の通船三十石、今井船或は伝道の荷船等の船岸《ふなつき》にして、夜となく昼となく出入の船々間断なく、且都に通ふ高瀬船、宇治河下る柴船、かず〱挙《こぞつ》て喧《かまびす》しく、京摂《けいせつ》の往返、関東上下の旅客群集の地なるが故《ゆへ》に旅舎、貨《りや》食家《うりや》の多なることは言も更《さら》なり。

おそらくは、大坂からの上り船が着くたびに、絵に描かれたような光景がくり返されていたことでしょう。

乗合の船はふしみへ着きながら
はなれ〲に出る旅人
アハ　大奈紋袖彦

下船すれば、宿で疲れをとるもよし、先を急ぐもよし絵には、当時の界隈の殷賑《いんしん》ぶりがよく伝わる狂歌が賛として紹介されています。

また、宿のほかにもさまざまな店のあったことが本文の記述

によって知られます。

土産物の商家《あきふど》、旅行用具の正《をほ》店《みせ》・脚店《こみせ》、軒をつらねてこれを販《ひさ》ぐ。されば船上りの老若男女、いづれも船宿に入て支度を調ふ。

故に烟草《たばこ》・楊枝・紙うる嫗《かゝ》、菓子・饅頭を売《あきな》ふ童子、銭の両替・青物売・按摩《あんま》按腹《あんぷく》の療治人・本堂修復の勧進《かんじん》僧、立かはり入かはり此に来て数《しばし》すゝむ。飲食すんで発足の上客あれば、下客迎ひに来る船頭ありて、しばしも静ならざるは皆此所の賑《にぎは》ひなり。

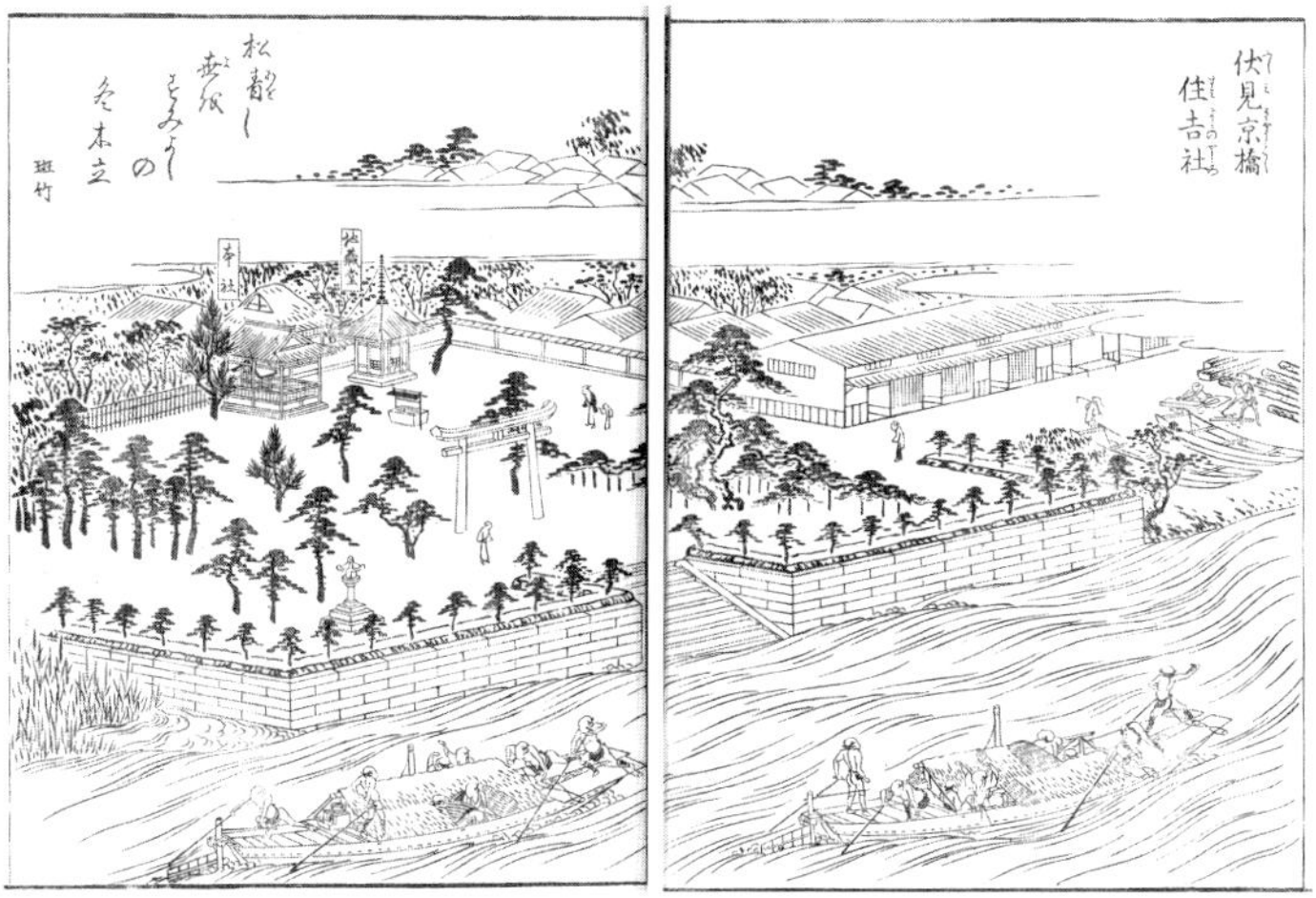

『拾遺都名所図会』巻四　伏見京橋　住吉社

旅の必需品を中心に、煙草や甘味などなど豊富な品揃え。なかでも、旅の疲れを癒す按摩治療や、殷賑を期待して浄財を募るという点に、なるほどとうなずかれます。

ところで、絵の左端中央に城郭風の建物がみえます。解説には次のようにあります。

当橋の北詰東北の角に城塁のごとき堞楼《やぐら》あり。いにしへ伏見の城の遺風なるべし。一奇観たり。

およそ高札場の間近にあったこの建造物は、かつての伏見城の遺構だとのこと。ただし、『都名所図会』の挿絵や同時代の随筆類にこの遺構が登場することはなく、この絵によってしか確認することはできません。

◆伏見《ふしみ》 船宿《ふなやど》

京阪電車：中書島駅／市バス：中書島

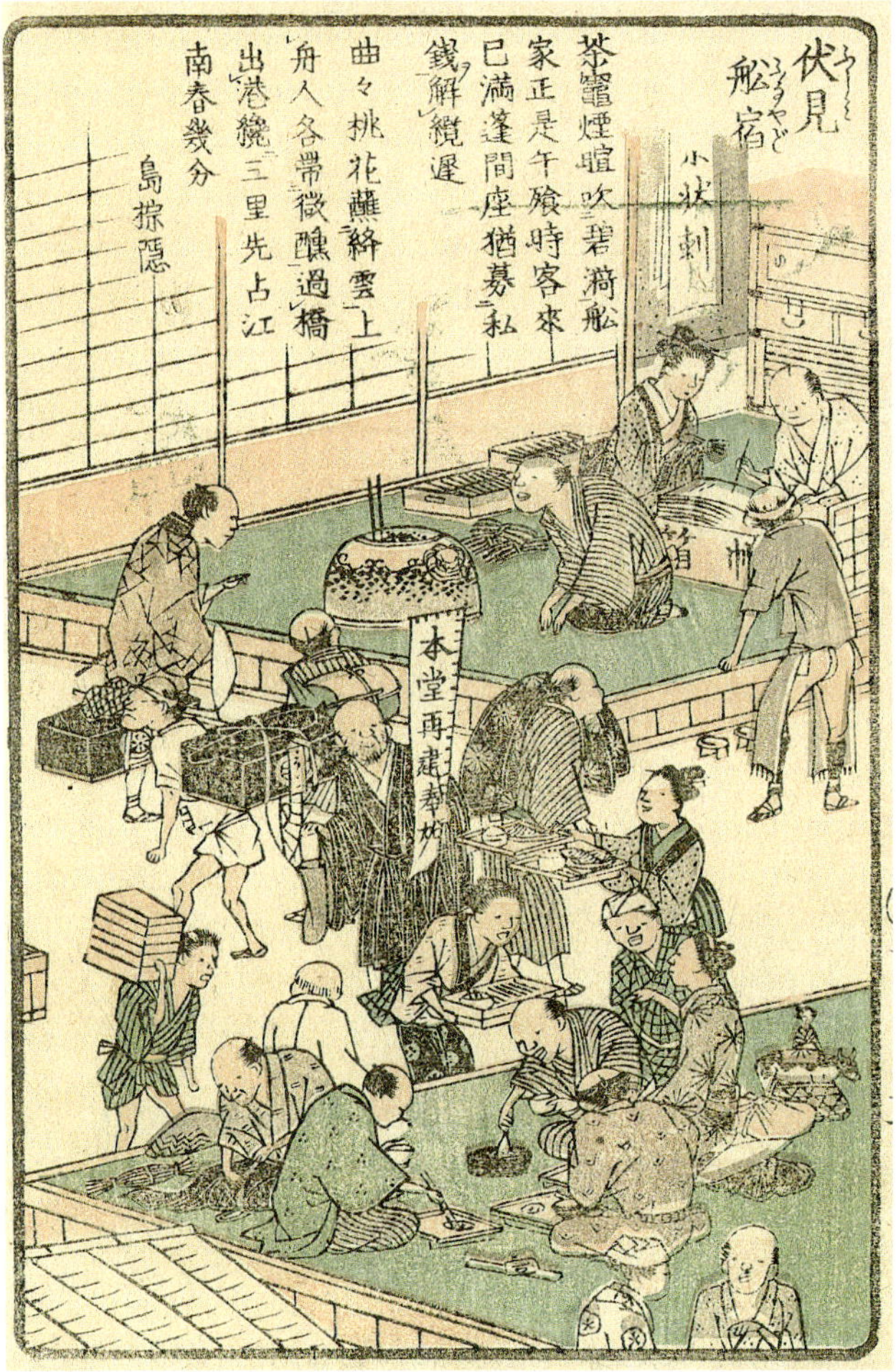

江戸時代の伏見の町は、京坂を結ぶ川の道と陸の道、さらに、京と大和とを結ぶ陸の道が交わるターミナルとして機能していました。京の南の玄関口、それが伏見なのです。そのため、多くの旅人が行き交う場となっていました。本文の解説は次のとおりです。

淀川の通船、昼夜をわかたず着あり出るあつて、其賑《にぎは》ひ言べくもあらず。船宿の男女は軒に出て、お下りなれば今出る舟がご

船宿の面影を伝える旅籠・寺田屋。龍馬とおりょうの思い出を求める観光客でにぎわっている。

ざります、と声喧《こゑかしま》しく客を招く。裏には上り客支度を調へば、船頭は下り客を迎へて荷物を運ぶ。上るも下るも御機嫌よふ、コレ船頭衆仕切を随分緩《ゆるり》と取て気を付さんせとは定例《おさだまり》の口

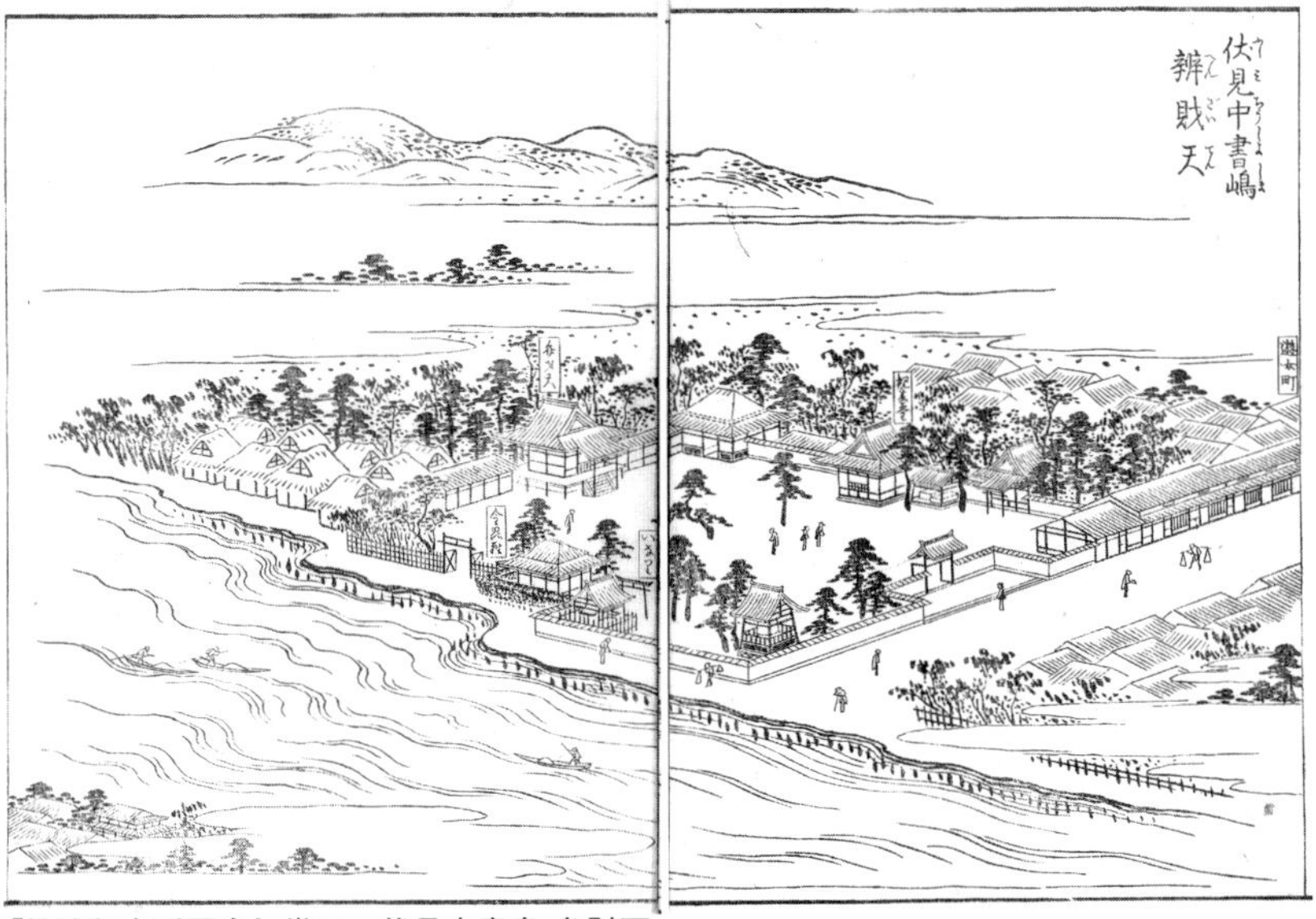

『拾遺都名所図会』巻四　伏見中書島 弁財天

上ながら、是も詞《ことば》の色なるべし。

これをみると、上り下りの客ともに伏見の港で旅の疲れを癒していたことがわかります。挿絵はそのような旅人でにぎわいをみせる、とある船宿を描いています。

　絵の右奥が帳場で、鉢巻きに前掛けをした出入りの男が持ってきた品を、女中と番頭が確認しているところ。その左には、手代が「ようお越しやす」と二人連れの旅人を迎えるようすがみえます。

　一方、絵の左側では奥の座敷へ招かれる侍の姿。寒い時期とみえ、女中が火鉢を持って従います。江戸時代は身分社会ですから、それぞれの身分によって部屋のランクや待遇も違っていたのです。また、食事だけに立ち寄ることもできました。右下にみえる小上がりは、入れ込みで腰掛けて一服します。男三人連れの旅人はささやかな料理をあてに、腹ごしらえの最中。その右、京土産の伏見人形を脇に置く男女は、注文しているところです。土間をゆく女中が運ぶ膳には、尾頭付きの魚料理と飯

桃山御陵から望宇治川（百年前の絵はがき）

椀。どうやら食事のメニューにもランクがあったようです。

人のにぎわいあるところは、金銭のやりとりも頻繁におこなわれる。それを見越し、浄財を募る神職や僧侶たちが集まってきます。この宿にも「本堂再建奉加」の幟を持った無精ひげの僧侶がやってきました。伏見には篤信な旅人が多いようで、彼のにこやかな表情から、その懐具合がうかがい知られます。

また、船宿のならぶ京橋、蓬莱《ほうらい》橋界隈の南にある中書《ちゅうしょ》島《じま》は、江戸時代、遊所として栄えました。『拾遺都名所図会』の解説に、「いにしへの江口神崎に準《なぞらへ》、旅客の舟をとゞめ、楊柳の陰に觴《さかづき》をめぐらし、あるは歌舞の妓婦、花のあしたに袖を飜《ひるがへ》し、琴三弦の音は月のゆふべに絶間なし」と評されています。濠川沿いにある長建寺は「島の弁天さん」として親しまれた真言宗醍醐派の寺院です。本尊の弁財天は水との関係が深く、また技芸上達の利益がありましたから、この地にあるのもゆえなしとしないのです。

かつては「伏水」とも書きあらわされた伏見の町。ここは、豊かな水の流れが人を呼び、人の流れによって繁栄した土地だといえるでしょう。

◆淀城《よどのしろ》 御茶屋《おんちゃや》、其二、其三、其四 水車《みづぐるま》

京阪電車：淀駅／市バス：淀

淀は、江戸から数えて東海道五十五番目の宿場です。大坂からは「陸路行程九里」のおよそ三五キロメートル、伏見からは一里一四町のおよそ五キロメートルの距離。本陣や脇本陣などはなく、旅籠が十数件ほど営業をするのみであったといいます。本文の解説には次のようにあります。

淀城　其初は岩成主税助《いわなりちからのすけ》がきづく所なり。其後、豊公の御簾中《ごれんちう》、此所に住給ふにより淀殿《よどどの》と号

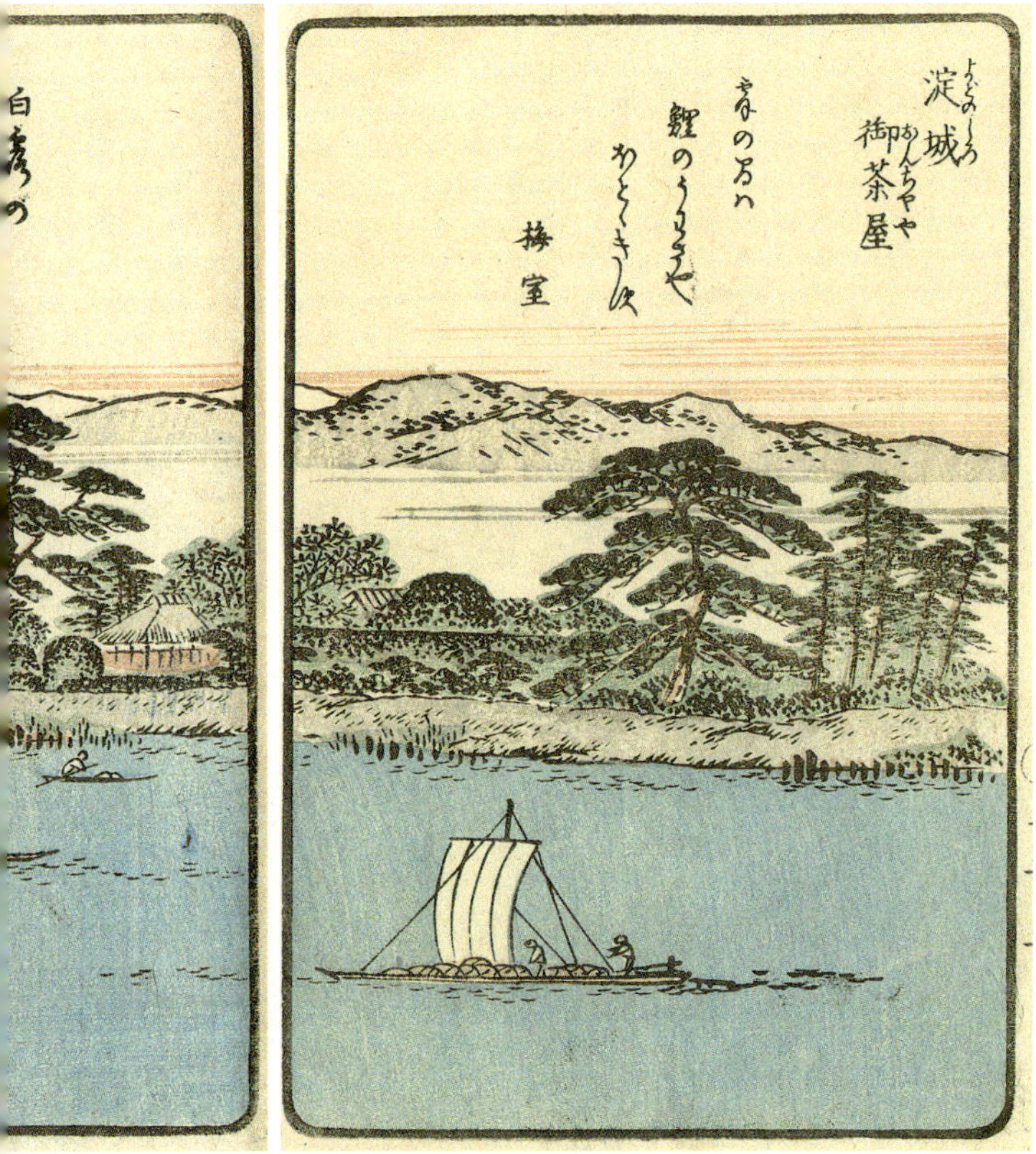

淀城　御茶屋

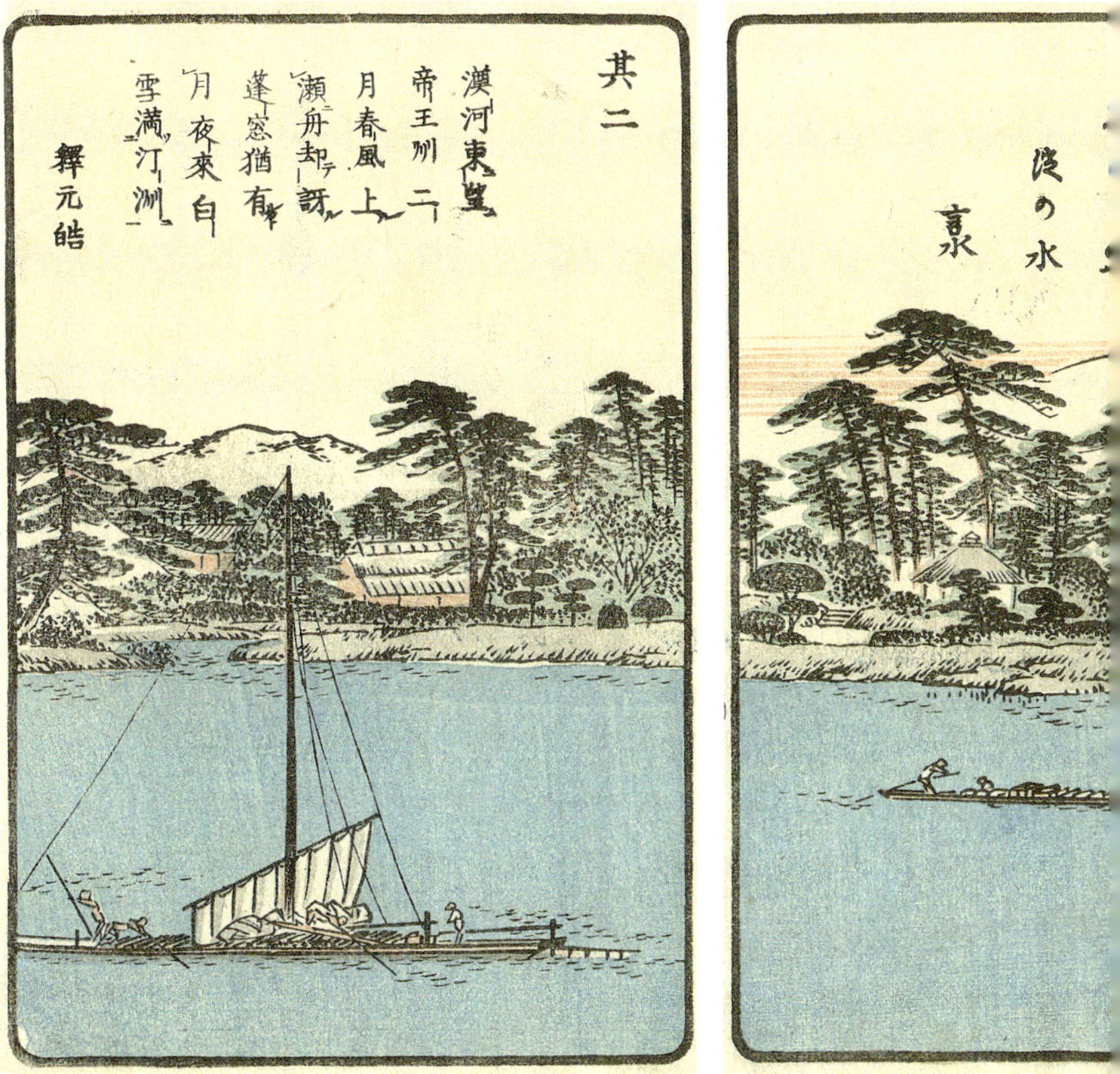

←106ページへ続く　其二右側

淀城の名残を伝える石垣と掘。明治までは伏見の三十石船が、石垣の前を往来していた。

す。〔中略〕城下は大橋より小橋まで工家《くか》、商家軒をつらね、万《よろづ》もとむるに欠ることなし。旅舎は小橋の両岸に多くありて上り下り船自由なり。所謂《いわゆる》、街道第一の繁花なり。

伏見の町に近いこともあり、大

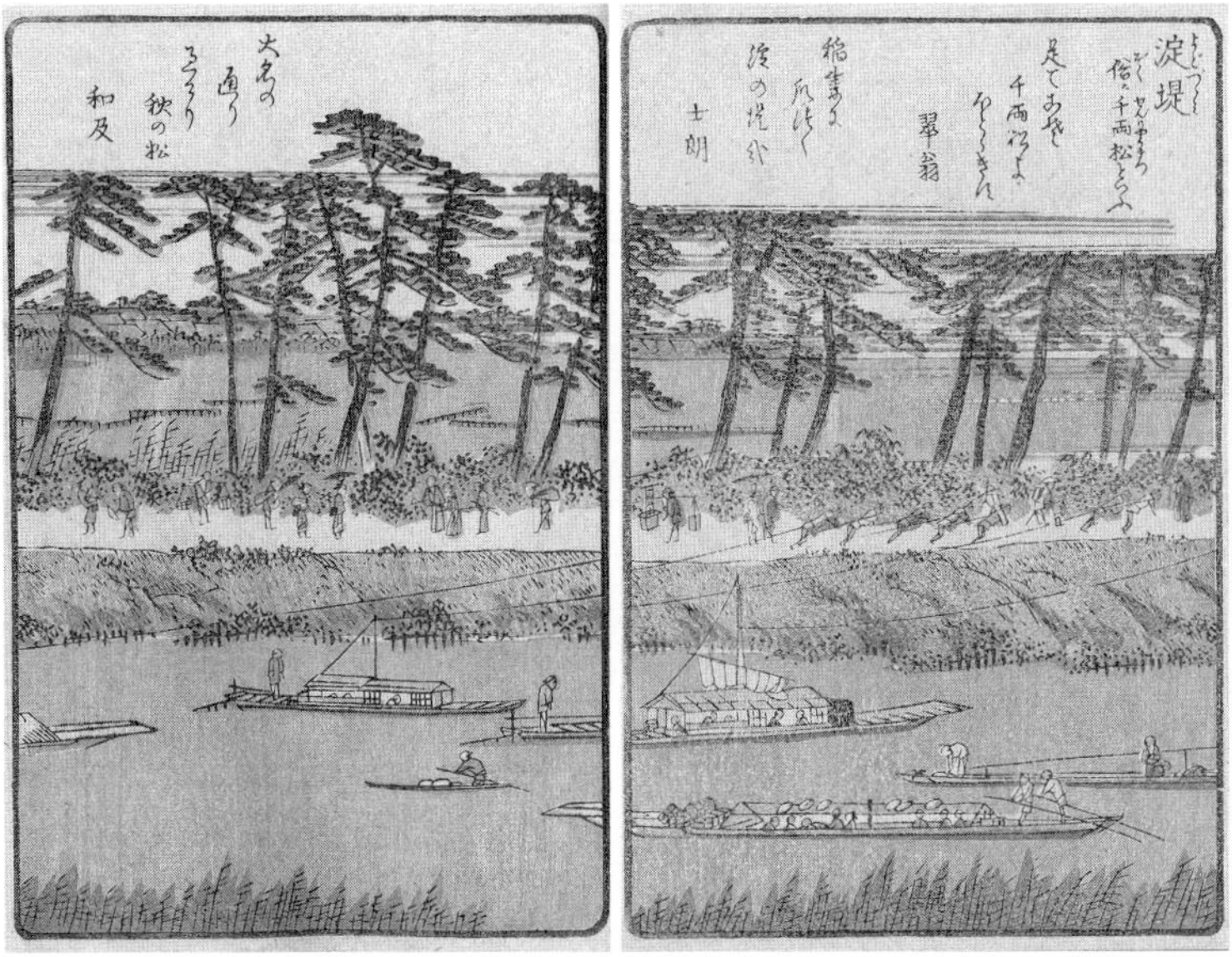

淀堤　俗に千両松といふ（『淀川両岸一覧』より）

きな宿場として発展することはなかったようですが、風光明媚な城下町として「街道第一の繁華」を極めたとしています。

　ここの景観を支えたのは、なんといっても豊かな水の流れ。天明七（一七八七）年に出版された『拾遺都名所図会』の本文には、次の藤原定家の『顕注密勘』を引用しています。

　淀はよどみをいふ。水のながれもやらでとゞこほりぬるくとまれるなり。それをば淀といふ。河淀ともよめり。この淀川といふも、桂川、鴨川、宇治川、木津川等のおちあひてふかければ、よどみぬるくながるゝなり。

これをみると、「淀」の名の由来が流れの「よどみ」であることがわかります。この付近は鴨川、宇治川、木津川という大河が合流するポイント。その流れに乗って人や物資が運ばれてくる。それほど大きくはないこの宿場が栄えたのは、このような理由によるのです。

　絵は淀城の川面を、下流から順に、南西の方角から眺めた景

男山遊園地より木津川を望む（約百年前の絵はがき）

色です。現在、この三川合流の地は、重なる河川改修によって、往時とはまったく異なった景観となっています。

かつての街道は、まず南の入り口に木津川が流れ、そこに架かる淀大橋を渡る。少し進んで、孫橋。この橋は「大橋と小橋の間にありて小さきゆゑ」に「間小橋」と呼ばれるようになったといいます。さらに北上し、宇治川に架かる淀小橋へと進んでいくのです。なお、大橋と小橋はすでに失われていますが、孫橋は現存しています。

また、本文には「茶亭、淀川の汀《みぎは》にありて美景なり」という記述があります。この「茶亭」は絵のタイトルにある「御茶屋」のことであると知られます。「淀御城府内之図」をみてみると、淀城の南西に「水車茶屋」と記された場所があります。これが「茶亭」で、「其三」の奥にみえる建物に相当します。淀から宇治川をさかのぼれば、そこは宇治茶の一大産地。さらに、茶道は武家のたしなみのひとつでしたから、城の脇にこうした施設

103ページより←

淀城 御茶屋 其二左側

淀城 御茶屋 其三

があってもおかしくはありません。

領主の茶亭、橋上の往来の美景邃《せい》々《く》として、足ずといふ事なし。又、此所は鯉の名産にして殊に美味なり。高貴の献上には城辺の魚を用ゆ。俗にこれを車下といふ。故に常は遊猟を禁ず。

茶の道は数寄の道。茶を服しつつ、美しい景色を眺める。味覚と視覚の両方を満足させたことでしょう。

淀の名産に「淀鯉」があります。余所《よそ》の鯉よりも「美味」であったとか。なかでも水車の付近で獲れるのを「車下」と呼び、珍重していたというのです。「其

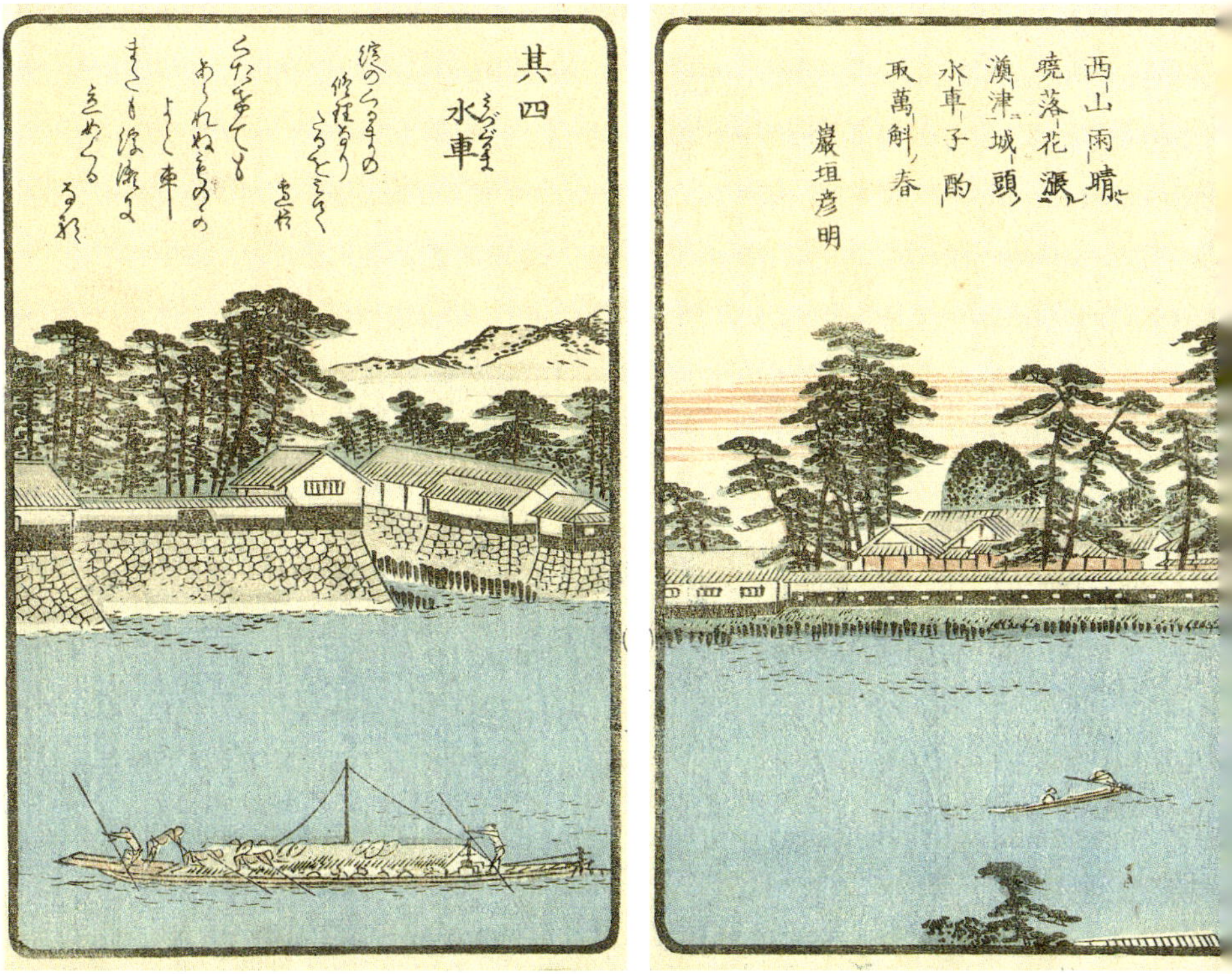

淀城 御茶屋 其四 水車 右側

← 111 ページへ続く

三」の絵をよく見ると、茶亭の南西隅で釣り糸を垂らす男が二人。本日の茶会には、淀鯉が供されるはず。

淀鯉を吟じた桜井梅室の発句。

宵の間は　鯉のうはさや　ほとゝぎす

陸と川の「道」

江戸時代の三都、すなわち江戸、京、大坂をつなぐ街道は、多くの人や物資が往来しました。幕府のおかれた江戸と皇都である京との往還には、東海道と中山道のふたつのルートがありました。前者はおよそ四九二キロメートル、後者は五三四キロメートルと、距離のうえでは東海道が勝っているようにみえます。距離が長いということはそれだけ日数を要し、同時に費用もかさむことになる。こうしてみると、山地の連なる険難な中山道《なかせんどう》は、誰も通行しなくなるはず。

ところが、東海道には川止めがあり、ひとたび増水すれば渡ることができません。そのため、正確な旅程を組むことができなかったのです。一方の中山道は、道は険しくとも予定どおりに歩を進めることができました。つまり、双方ともに利点欠点があり、旅人はその状況に応じてふたつのルートを使い分けていたのです。

江戸方面から上洛する場合、近江の草津で両者は合流します。合流の後はそのまま西行します。ただし、西国方面へ向かうには、上洛せずに京を迂回するルートを通りました。それは逢坂《おうさか》山の西麓の追分から南下し、伏見にぬけるというもの。実はこれが大坂へと向かうためのもうひとつの東海道だったという。

『拾遺都名所図会』の挿絵はこの道の大亀谷《おおかめだに》にあった茶店のようすを描いています。絵の上部の解説に「関西の列候、吾妻へ参勤し給ふ時は此道を通」るとあり、当時、参勤交代の大名行列がこの道を通行していたことが知られます。追分で分岐した道は、大亀谷の西、藤森《ふじのもり》で京から下る伏見街道と合流する。つまり、藤森から伏見の町にいたるまでの街道筋は、以北と比較して、通行する人の量が多かったということなのです。

さらに、伏見から大坂へは、ほぼ並行してはしる街道と淀川のどちらかを選ぶことになります。まず、陸の道。京からみれば「大坂街道」、大坂からみれば「京街道」とよばれたこの道は、伏見から淀を経て、枚方《ひらかた》、守口を通り、高麗橋東詰をめざします。一方の川の道は、伏見の町から三十石船に乗り、宇治川、淀川と順に下り、八軒家《はちけんや》浜に着くという航路でした。『淀川両岸一覧』はこの両方を取りいれながら、沿道沿岸に点在する名所旧跡を紹介しています。

『拾遺都名所図会』巻四　大亀谷

ルートを軸にして編集された「名所図会」は、街道を取りあげた『東海道名所図会』『木曽路名所図会』、寺社への参詣道を取りあげた『伊勢参宮名所図会』『善光寺道名所図会』などが刊行されました。しかし、それらはすべて陸の道。川の道を軸に編集されたものは、この『淀川両岸一覧』と姉妹編の『宇治川両岸一覧』くらいしかないのです。ちなみに、江戸地域に『隅田川両岸一覧』という本がありましたが、名のみの類似で、その内容は風景を描く浮世絵の体裁でした。

こうしてみると、京坂地域の陸と川の道は、当時の人びとにとって重要な交通経路と認識されていたことがうかがえます。面白いことに、この陸と川の道が旧京阪国道や京阪電気鉄道といった近代的交通手段の経路として引き継がれています。とくに京阪電気鉄道は、かつての東海道をはしる京津線、淀川上流域の宇治川に沿う宇治線など、本線以外にもその影響をみることができます。

陸と川の道を往来した人や物資の流れをたどることで、歴史の流れがそれぞれの事象ごとにつながっていることがみえてくるのです。

◆淀大橋《よどのをほはし》、淀城 御茶屋

其四 水車《みづぐるま》、其五、其六 小橋《こはし》

京阪電車：淀駅／市バス：納所

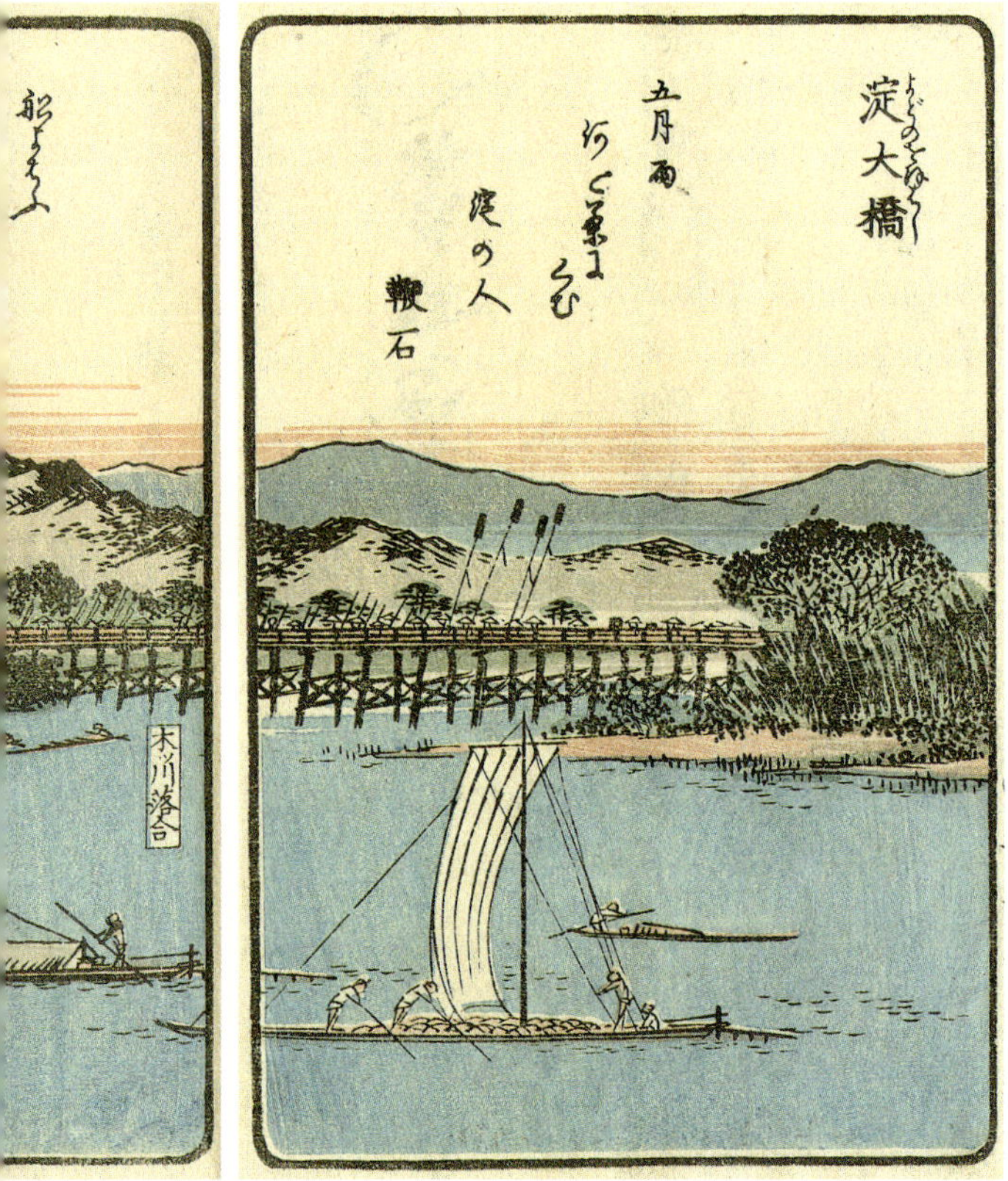

淀大橋

木津川に架かる淀大橋は、淀城下の南の玄関口です。近世期に架橋されるまでは、ながらく渡し舟が人びとの足の役割を果たしていました。本文の解説は次のとおりです。

いにしへは木津川御牧の西より北に流れ、宇治川に合せし大河なり。これを舟わたしにせしゆゑ、大渡りといへり。しかるを豊太閤の御時、木津川を南へ通じ、大橋、間小橋等を架けさせ給ふとぞ。清少納言の『枕草紙』

107ページより←

←114ページへ続く　淀城 御茶屋 其四 左側

に、卯月の晦日に長谷寺にまうづとて淀のわたりといふものをせしとあり。

平安時代、京から長谷寺《はせでら》へと行くためには、木津川を渡り、八幡《やわた》から東高野街道を南へと向かうルートを利用しました。近世

この地に淀大橋が架かっていた。道の傾斜が木津川が流れていた当時の様子を伝えてくれる。

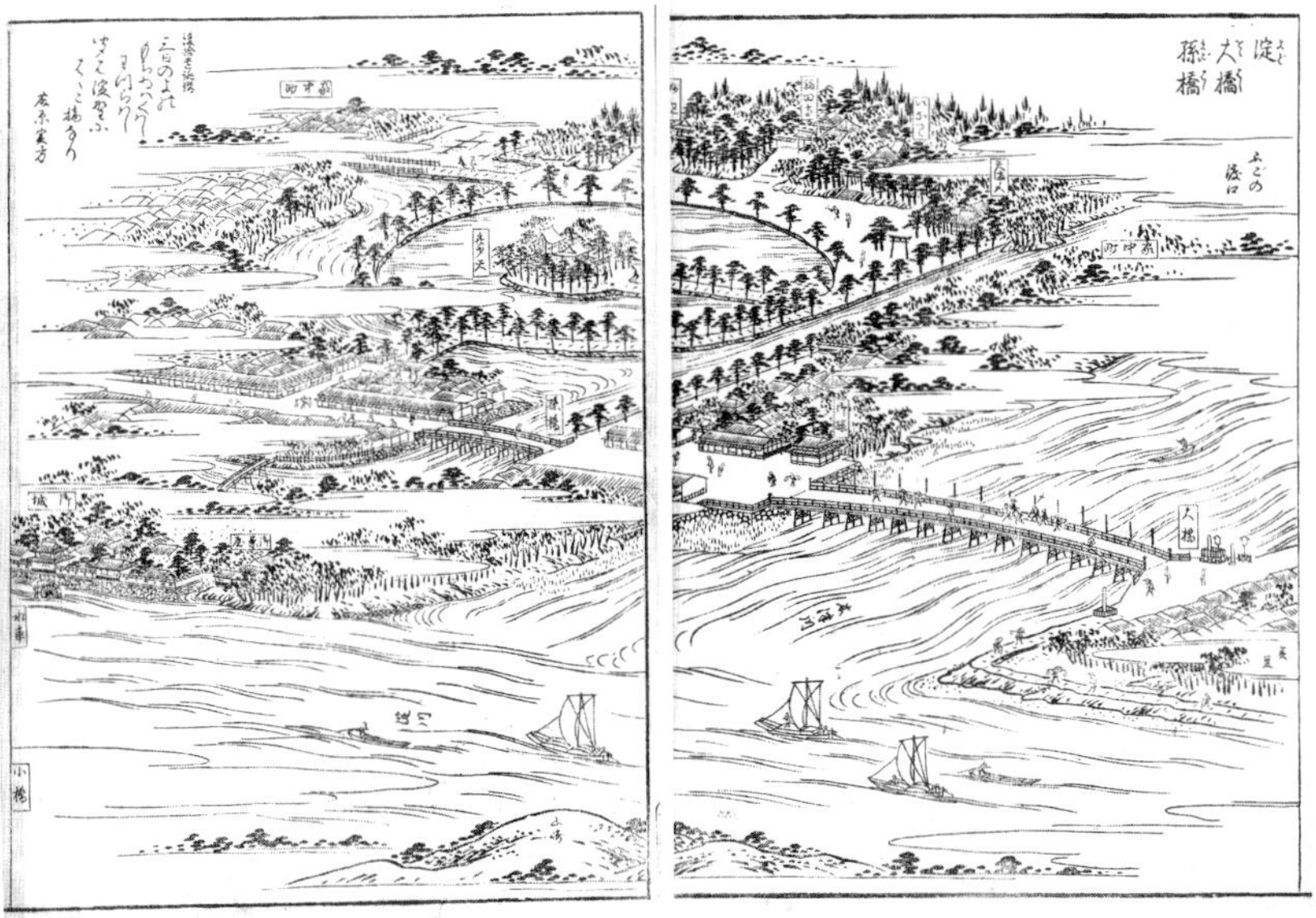

『拾遺都名所図会』巻四　淀 大橋 孫橋

期になると、豊臣秀吉による河川改修や街道整備がおこなわれ、橋が架けられることになったのです。清少納言にとって難所であった「大渡り」も、江戸時代には「今は昔」のことでした。

「淀大橋」と題する絵は、大橋を北西から眺めたもの。ちょうど橋上を大名行列が通過しているところです。参勤交代の諸大名は、ここから伏見へと向かい、藤森《ふじのもり》から山科を抜け、大津へと進むのです。行列が通過する日ばかりは、少々物入りでも船を利用するほうがよい。左手前にみえる三十石船も、おそらくは定員いっぱいの客を乗せているはず。船を漕ぐ船頭たちも、平常より力が入ります。

　京坂を船で往き来する旅人たちにとって、淀城の淀川面にあった水車はランドマークとなっていました。上り船の場合、三川が合流し、この水車が見えてくると、伏見まではあとわずか。寝ぼけ眼をこする者、近づいてくる貨食舟を利用して腹ごしらえをする者、それぞれに降船の

淀水車（約百年前の絵はがき）

したくをはじめます。絵の右にみえる上り船に、左から近づいてくるのが貨食舟《にうり》です。こうした「くらわんか舟」は、下流の枚方《ひらかた》だけの名物ではなかったのです。

　また、淀小橋の上流、納所《のうそ》には過書船《かしょぶね》の番所があったといいます。通常、風雨をしのぐため、船には苫《とま》が葺いてありました。ただし、番所を通過する際にはこの苫を開けさせ、船中を改めたのです。そもそも納所という地名は、船で運ばれてきた物資を「納」め置く場「所」だったことにちなみます。往古より川の道の要衝として機能していたことが知られます。そのため、江戸時代には大坂から淀川を上ってきた朝鮮通信使が使用したという船着場がありました。現在は、旧京阪国道の納所交差点から千本通りを少し上がった場所に、「唐人雁木旧趾」と刻まれた石碑だけが残ります。

　そもそも淀城には、「淀古城」と「淀城」とがあります。前者は、室町時代中期、畠山政長によって築城され、その後、明智

111ページより←

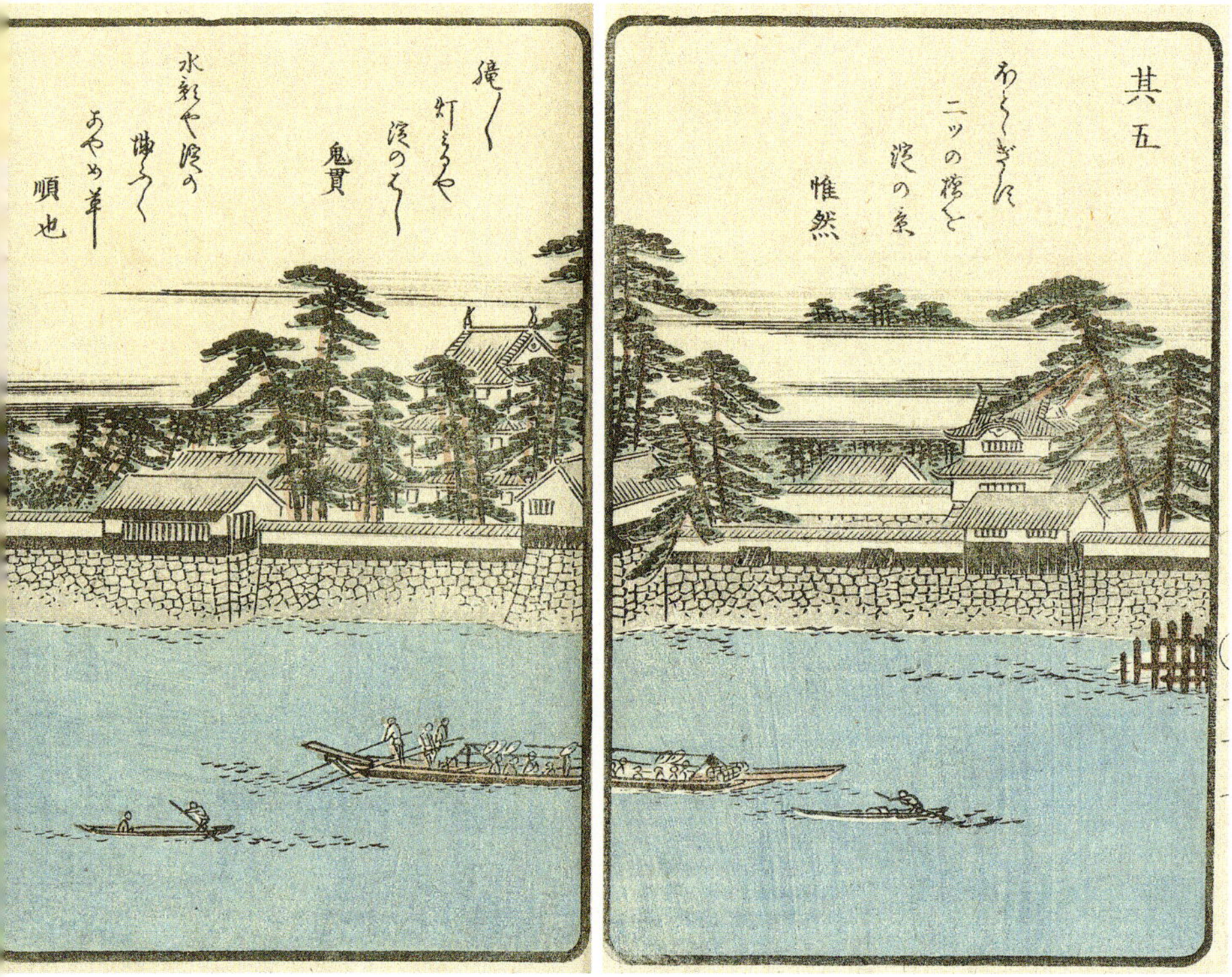

淀城 御茶屋 其五

光秀、豊臣秀吉らによって改修されました。現在の淀城址よりも北東の、納所付近にあったといいます。かの秀吉の側室であった淀殿《よどどの》が住まったのもこちらです。後者は、元和九（一六二三）年、徳川秀忠の命をうけた松平定綱によって築城されました。これが現在の淀城址なのです。絵は後者の淀城を西北の方角から眺めたもので、続く一枚には城郭の北側に架かる淀小橋が描かれています。絵の解説は次のとおりです。

橋の北詰に三嶋屋といふよき貨《りや》食店《うりや》あり。淀上《あが》りの人はかねて蒿子《かこ》に約し置《をゐ》て、此岸に船をよせて上陸す。是より宇治川の下

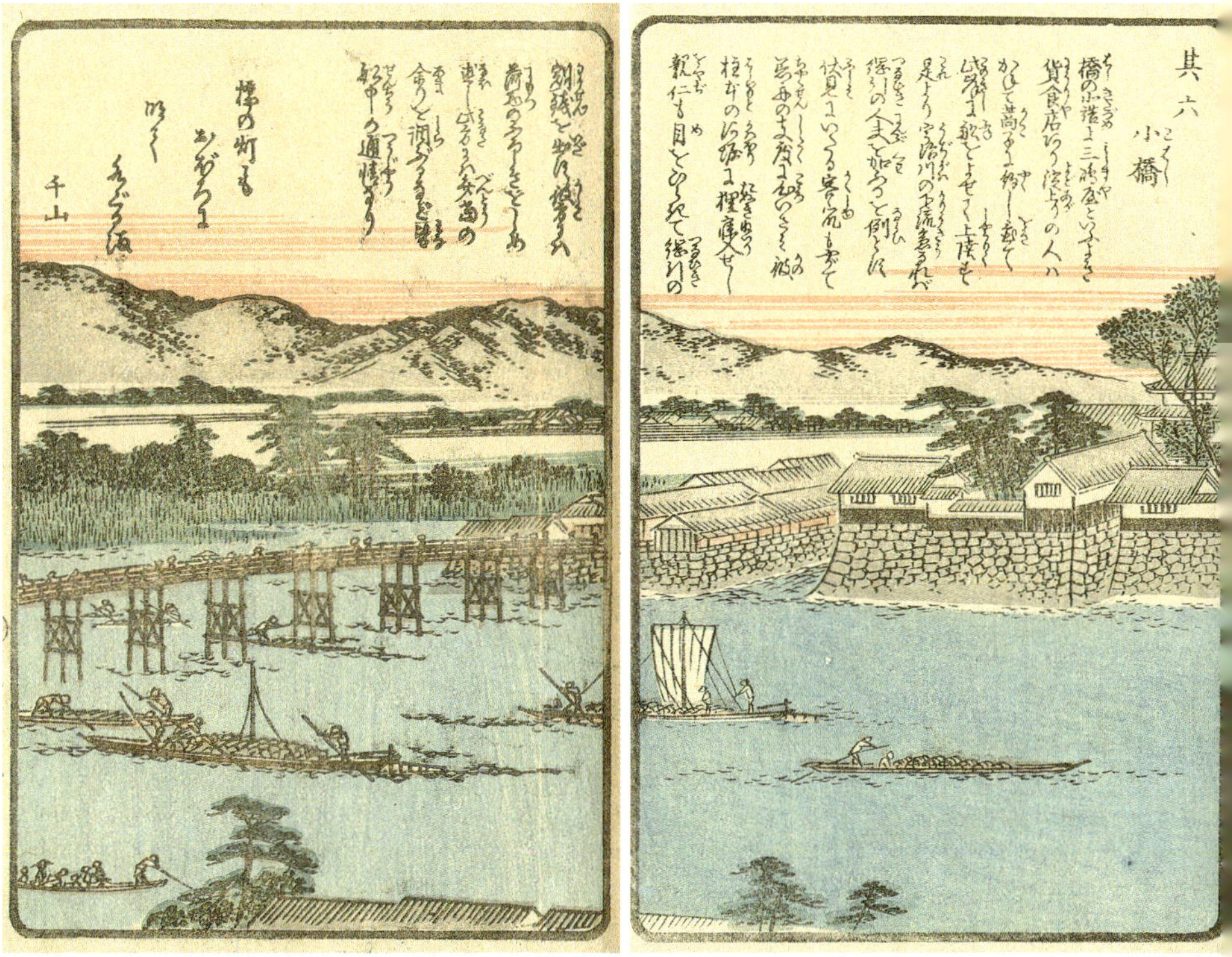

淀城 御茶屋 其六 小橋

桂川の改修に伴い、淀姫社の跡地に向かって
架けられたので「宮前橋」と名づけられた。

流急なれば、綱引《つなひき》の人夫を加ふるを例《ならひ》とす。伏見にいたる客衆も、やがて着船の支度に心いさみ、彼柱本の河堀に狸寝入せし親仁《おやぢ》も、目をひらきて綱引の割銭を出す。彼方には荷物のふろ

しきをしめ直し、此方には弁当の余りを調ぶるなど、皆、船中の通情なり。

小橋の界隈には多くの旅籠や茶店が軒を連ねていました。そのなかのひとつ、北詰にあった「三嶋屋」はすこぶる評判がよく、淀で船を降りる上り船の客に人気があったとしていいます。ここを過ぎると宇治川の流れは早さを増します。そのため、通常は四人である水主《かこ》を増員し、船を川岸から綱で曳きつつ伏見をめざします。増員するということは、それだけ割増の料金が必要になります。「狸寝入り」をする客がいるのも、うなずける。ただし、いつまでも寝ているふりをしていては降船の準備ができません。淀小橋の橋脚にしつらえられた行灯《あんどん》を見送るころには、しぶしぶ割増分の銭を払ったとか。

ところで、「其五」と題する絵をよくみると、右側中央、本丸付近に霧がかかっているのがわかります。「名所図会」の挿絵には当時の城郭を描くものがほとんどありません。あったとしても、遠景の一部として描出されるのみで、詳細なものはないのです。城郭の詳細は軍事的情報であったため、公刊される「図会」には収載されなかったからです。では、この絵の場合も同じ事情によって本丸を隠しているのでしょうか。答えは、否。というのも、淀城は宝暦六（一七五六）年の落雷によって大半が焼失し、その後、再建されることはありませんでした。軍事的情報を隠蔽しようにも、実際にそれが存在しなかったのです。絵の手前、上り船に乗る旅人たちは、かつての面影をとどめる城を眺めつつ、往時を偲《しの》んでいるのでしょう。

三十石船

そもそも三十石というのは積載量を表すもので、三十石の米に相当する重さ（およそ四・五〜四・八トン）の荷を運ぶことができたといいます。

近世期には淀川流域の「過書船組織」がつくられ、慶長八（一六〇三）年、徳川家康によって制度化されます。すなわち、過書奉行がおかれ、淀川を通行する船の管理にあたったのです。「過書《かしょ》」とは、通行の許可を受けた船がもつ関料免除の手形のこと。この通行手形をもつ船は、三十石船の他にひとまわり小型の二十石船などがありました。

『都名所図会』巻五 淀

伏見、淀、橋本、枚方、平田、三栖、大坂などに番所を設け、過書船とともにそれ以外の船の通行も監視しました。たとえば、旅客を乗せた三十石船は、通常、風雨を防ぐための苫が葺かれているのですが、番所を通過する際は荷改めをおこないやすいようにすべて取り払ったのです。

『都名所図会』の挿絵に、この三十石船が淀城の水車のあたりを通過するようすが描かれています。船の定員は漕ぎ手四人に乗客が三十人前後で、全長は二十メートル足らず、幅二・五メートルほど。絵からもわかるとおり、船内はせまく、満員ともなれば荷物を置く余裕はありません。荷物は頭上、苫葺きの下にあるわずかな空間を利用して、荷をぶらさげられるようになっていました。

また、淀の水車は流域の名物でもありましたから、この付近で船は速度を落とします。それを知って、貨《に》食《うり》船いわゆるくらわんか船が寄ってきます。船内には湯茶しか用意されていませんでしたから、船客は貨食船から酒や餅、あたたかい汁ものなどを買い、空腹を満たしました。

◆淀小橋《よどのこばし》　淀姫社《よどひめのやしろ》

京阪電車：淀駅／市バス：淀

淀の城下を抜け、京へと向かうには、宇治川を渡らなければなりません。その宇治川に架かるのが淀小橋です。「上り船之部　下」の本文は次のように記しています。

城郭の上にあり。長さ七十六間、橋下の大間に鉄灯炉を釣り終夜灯を灯じ通船の便とす。

また、「下り船之部　上」は次のように追記しています。

3 伏見〜淀

淀姫社は、現在は與《よ》杼《ど》神社と名を改め、いまも水運を守る産土神として、地元の信仰をあつめている。

両岸共に茶店、旅店、貨食家多く繁昌なり。

淀の宿場には、本陣、脇本陣こそありませんが、交通の要衝で風光明媚な場所であるがゆえに、多くの旅籠や茶店が軒を連ねていたのです。

絵は淀川右岸から、小橋の橋下と淀姫社を眺めた風景で、左が上流、右が下流です。解説に

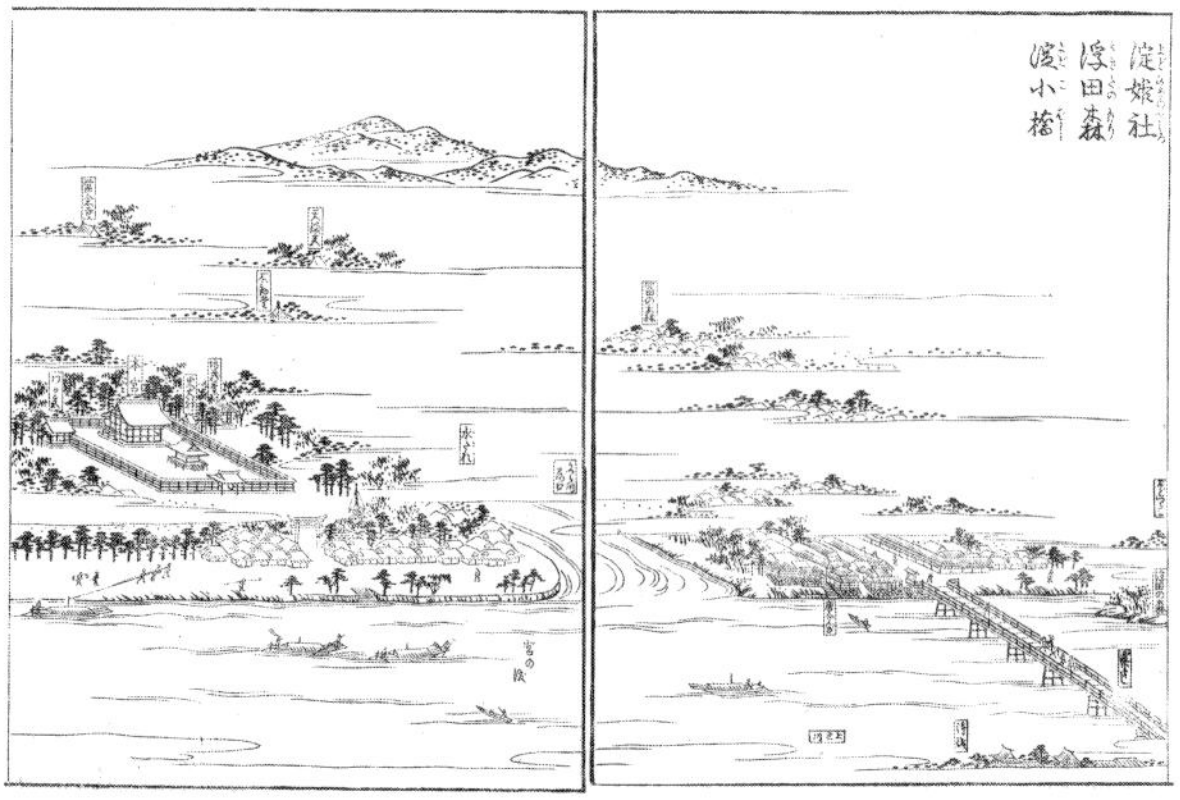

『都名所図会』巻五　淀姫社 浮田森 淀小橋

あるとおり、旅人目当てに商いをする店が並んでいるのがみえます。小橋といいながら、大河の流れに耐えることができるよう、たいそう立派な橋脚になっています。そこを通過する船が三艘。向こうの二艘が十石船で、手前は旅客を乗せた三十石船です。これらの船は、京大坂のどちらをめざすのか。

絵の右上にみえる中島棕隠《なかじまそういん》の漢詩が、そのヒントを与えてくれています。

酒慢、茶檣、又一湾
春雲碧ヲ涵シ未ダ山ニ帰セズ
流レニ乗リ偏ニ誤テ相触スルヲ恐ル
船ヲ転ジ橋脚ノ間ヲ退行ス

つまり、川の流れによってコントロールが効かなくなることを恐れ、船の前後を回転させて橋脚をやり過ごしたというのです。絵の船は、いずれも艫《とも》（船尾）が下流を向いています。ですから、大坂へ向かう下り船ということになります。

井原西鶴の『世間胸算用』巻四ノ三「亭主の入替り」には、小橋をくぐる際に「大間の行灯目的に、船を艫より逆下し」たとあります。その行灯が、絵の中央、左に描かれています。ここを通過する船は昼夜を問いません。夜船の安全を守るため、こうした配慮が必要だったのです。

Ⅲ　移りゆく鴨川の流れとその眺め

洛中のにぎわいを演出する「鴨川」

鴨川の納涼床の始まりは、河原の中だった

京都の夏の風物詩といえば、鴨川の納涼床《のうりょうゆか》が象徴的である。梅雨や台風など雨が多く降り川が増水する季節に、流れの支障になるような構造物を川の中に作り、楽しむというのは全国的にもほとんど例がない。夏場に鴨川の四条大橋辺りから上流を眺めると、左手の川岸に所狭しと組まれた床の上で料理を楽しむ風景がみられる。床の下には、鴨川の流れとは別に、みそぎ川と呼ばれるせせらぎが流れている。現在は、毎年五月から九月にかけて納涼床が出されている。

もともとは、出雲の阿国《おくに》が始めたという歌舞伎芝居にあわせて仮設の茶屋が置かれたり、裕福な商人が夏に遠来の客をもてなすのに、五条河原の浅瀬に直接、床几《しょうぎ》を置いたりしたのが始まりとされている。鴨川の納涼床の景観の背景には、四百年以上の長きにわたる歴史的・文化的な蓄積がある。

鴨川の河原では、室町時代から田楽《でんがく》や猿楽《さるがく》などの芸能興行が行われていたが、豊臣秀吉による五条大橋架橋の頃から五条河原の本格的なにぎわいが始まった。最盛期には、四条河原付近に、南座や北座など七軒の芝居小屋が建ち並び、一大遊興地であった。とりわけ、旧暦六月の祇園会《ぎおんえ》（祇園祭）の時には、

玉蘭斎貞秀版画「祇園祭礼四条河原之涼」　江戸末期

神輿《みこし》が鴨川で禊《みそぎ》をするのにあわせて人びとが集まり、中州に多くの床几が出され、物売りなども集まり大変なにぎわいであった。

江戸時代の絵図をみると、広々とした河原や中州に床几が一面にところ狭しと並べられ、多くの人でにぎわう情景がいきいきと描かれている。河原に置かれた床は、爽やかな川風に吹かれ、少し手を伸ばせば水面に触れられるほどの近さで、格好の納涼の場所であったことがうかがえる。床では、ウナギの蒲焼き、あぶり豆腐、白玉などさまざまな食べ物が出されていたという。納涼床は、クーラーのない時代の庶民の知恵が生みだした、水と水辺を巧みに利用した文化である。

寛文年間（一六六一～七二年）の治水工事により、鴨川両岸に石積みの護岸が築造されたことにより、河岸と水面の距離が大きくなり、現在のように柱を立て河岸から張りだすタイプの納涼床が現れたという。元禄三（一六九〇）年に京都を訪れた松尾芭蕉が、この頃の納涼床の様子を書き残している。

四条の川原のすずみとて、夕月夜のころより有明過る比《ころ》まで、

納涼床の変遷

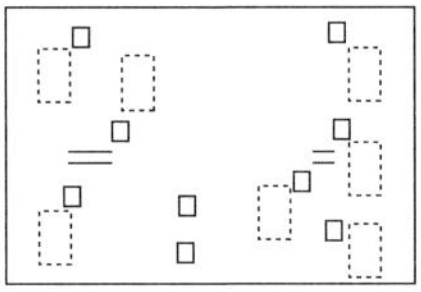

1 近世初期

▼

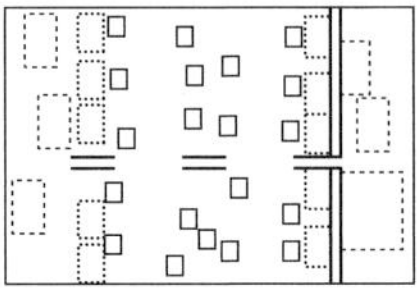

2 寛文年間の治水工事後

▼

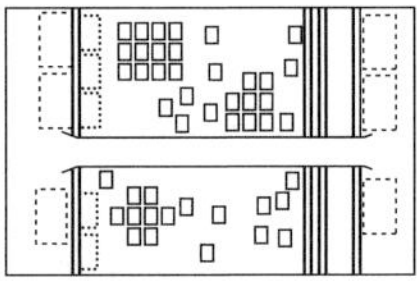

3 琵琶湖疏水
鴨川運河開通

▼

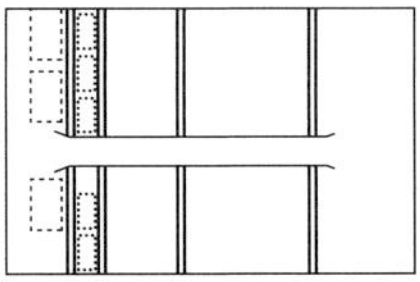

4 大正時代年間の
治水工事以降
から現代まで

□ 床机形式の納涼床
⬚ 高床形式の納涼床
⬚ 床机以外の建造物

（『鴨川のアメニティ利用に関する二、三の考察』より）

川中に床をならべて、夜すがらさけのみものくひあそぶ。〔中略〕さすがに都のけしきなるべし。

川かぜや薄《すすき》がききたる夕すずみ　翁

また、少し時代は下るが、狂歌人の木室卯雲《きむろぼううん》は、天明二（一七八二）年に書かれた『見た京物語』で三条大橋から眺めた鴨川納涼床の様子を次のように描いている。

四条のすずみに所々芝居あり。みなかるわざ見せもの等なり。ここに明りのため、松のひでを焚く。芝居よしず囲ひなれば表へすき通り、悉《ことごと》くよく見える。それを三条の橋などより見わたせば、提灯もおびただしく火も見ゆるゆえ、江戸火事場の如し。

当時の四条河原の喧騒が目に浮かぶようである。

昔の鴨川は、現在の倍くらい川幅が広く、現在も京都有数の繁華街である河原町の地名は、文字通り河原であったことに由来するという。中州であったことを想像させる三条木屋町《きやまち》の中島町という地名や、かつては鴨川の堤防につながっていた三条商店街と新京極通りの交差部にあるタラタラ下りと呼ばれる小さな坂は歴史の生き証人である。河原町の歴史を研究する森栗茂一教授によれば、このように河原に由来する地名は全国で百を越え、多くの都市が河原のある川辺を中心に形成されたと指摘している。

左の写真は、明治末頃の納涼床である。五条付近から上流を写したもので、背後に東側から張りだした納涼床が確認できる。しかし、この頃から納涼床の景観は大きく変化する。

明治末頃の納涼床

一八九四（明治二七）年の琵琶湖疏水《そすい》（鴨川運河）の整備、そして一九一五（大正四）年に京阪電車本線が五条から三条まで延伸されることにより、東側の高床式の納涼床は姿を消し現在のように西側だけとなった。さらに、大正から昭和にかけての鴨川の河川改修により、川底が下げられ川の流れが速くなったことから床几形式の納涼床が禁止されることとなった。この時に、川面との落差が大きくなり納涼床を出せなくなることを憂いた木屋町、先《ぽん》斗《と》町《ちょう》の店々の陳情により、西岸側の一段高い河岸の建物のすぐ脇にみそそぎ川が開削されることとなり、ほぼ現在の姿になったという。その後、一九三五（昭和一〇）年の鴨川大洪水を契機として、再度、抜本的な河川改修が行われることになるが、その際にも、みそそぎ川は残され、納涼床の景観も現在に引き継がれてい

鴨川納涼床

る。

最近では、鴨川そのものと山並みなどの自然が一体となって京都を代表する景観を形成しており、そのなかでも鴨川納涼床は都心部を代表するものであるとして、鴨川の良好な景観と調和したものとなるよう、構造、素材、色彩等に関する基準が定められている。

鴨川納涼床は、それぞれの時代の状況や河川改修などの影響を受け、大きく変化してきたが、夏場には、納涼床のにぎわいに加えて、三条から四条辺りの川辺には数多くのカップルやグループが等間隔にたたずむ変わらぬ情景がみられる。かつての四条河原のにぎわいという川の文化と景観が、これからも引き継がれることを願う。

鴨川の三大橋

洛中を流れる鴨川には、大橋とよばれる橋が架かっている。代表的なものに、三条、四条、五条の大橋がある。この三本の橋は、それぞれ固有の歴史をもち架橋の目的も異にしているが、いずれも鴨川の景観を代表するシンボルとして、多くの絵図や絵画に描かれてきた。

比較的大きな川は、両岸に空間を分断するためか、川は「あの世（彼岸）」と「この世（此岸）」を隔てる境界と考えられていた。そのため、川に架かる橋にも彼岸と此岸をつなぐという境界性があった。たとえば、宇治川では、西側の川沿いに造られた平等院の風景自体が極楽浄土の世界を現しているとされ、東側の宇治上《うじがみ》神社などと対比することが意図されている。鴨川の場合も、平安京造営時には、鴨川は平安京の東端を流れ、川の東側は都市の外であり、葬送地である鳥辺野《とりべの》や祇園社（現在の八坂神社）や清水寺が存在し、四条橋や五条橋は、寺社への参詣の道でもあった。

三条大橋——今に引き継がれる秀吉時代の石柱と擬宝珠

三条大橋といえば東海道五十三次の終点として知られ、現在西詰には、東海道を往来して三条大橋の河畔に宿をとった『東海道中膝栗毛』の主人公、弥次郎兵衛《やじろべえ》・喜多八《きたはち》にちなんだ銅像が設置されている。

応永三〇（一四二三）年に架けられたという記録があるが、中世には、橋が架かっていなかった時期もあったようである。天文一六（一五四七）年頃の京都の景観を描いたとされる上杉本「洛中洛外図屏風」には、三条河原で相撲に興じる人びとの姿が描かれているが、本格的な橋は描かれていない。

三条付近に本格的な橋が架けられたのは、天正一八（一五九〇）年に豊臣秀吉によるのが初めとされている。当時の橋は、長さ六一間（約一一一メートル）、幅四間五寸（約七・四メートル）、橋脚を六三本の石柱で支えるもので、日本最初の石柱橋ともいわれている。三条大橋は、江戸時代の錦絵や絵図のなかにも数多く描かれているが、石の橋脚と擬宝珠《ぎぼし》付きの木造の欄干が特徴的である。また、この時代の橋は大変貴重なものであったため、牛車などの車は橋を渡れなかった。そのため、この時期に描かれた絵図には、橋詰から河原に向かう斜路や、川の中を渡る牛車の様子が描かれている。

「京によきもの三ツ。女子、加茂川の水、寺社。」と書いたのは、江戸時代の作家として有名な滝沢馬琴である。享和二（一八〇二）年に出された旅行記の『羇旅漫録《きりょまんろく》』に三条大橋から眺めた景観の様子を書き残している。

夫皇城の豊饒なる、三条橋上より頭をめぐらして四方をのぞみ見れば、緑山高く聳《そび》えて尖らず、加茂川長く流れて、水きよかなり。

この頃は、高い建造物もなく、三条大橋からは鴨川の流れとともに、北山や東山の緑豊かでなだらかな山並みがよく見えたことがうかがえる。

現在の橋は、一九五〇（昭和二五）年に架けられたものだが、橋柱四〇本のうち下流側の七本の一部には、天正期の石柱がそのまま使用されており、欄干に付けられた擬宝珠のうちの七個も、当時のものであるという。西詰にある石柱には、「天正十七年津国御影七月吉日」との刻印があり、現在の神戸市の御影から運ばれた石材であることが確認できる。数々の架け替えや河川改修による大きな変化を乗りこえ、秀吉架橋当時の風格が、現在の橋にも引き継がれているのは驚くべきことである

現在の三条大橋

四条大橋——祇園会と結びついた町衆の橋

江戸時代後期の『都名所図会』などでは、三条大橋と五条大橋は本格的な橋として描かれているが、四条の橋は、四条河原の中州の両側に小さな木橋が架けられているのがみられるだけである。当時、三条と五条の大橋は、幕府が費用を負担して直接、築造や修理を行う公儀橋《こうぎ》であったが、四条の橋は、勧《かん》進《じん》橋ともよばれ、宗教的活動として築造や修理が行われていた。橋のもつ境界性から、橋は人びとを迷いと煩悩の此岸から、悟りと菩提の彼岸へ導くものと考えられており、僧侶が布教活動として寄付を募る勧進の対象となったのであろう。

四条に橋を架けるための資金を募る勧進田楽が行われた歴史は古く、永治二（一一四二）年、勧進聖によって架け替えられたという八坂神社の記録がある。四条橋は、祇園社への参詣の橋として架けられたようである。鎌倉時代の四条橋の絵が、一遍が弘安七（一二八四）年に描いた「一遍上人絵伝」のなかに登場する。橋の構造は、木材を組み合わせた木橋であり、橋の欄干や橋脚が詳しく描かれている。

御輿の渡御（上杉本「洛中洛外図屏風」より）

上杉本「洛中洛外図屏風」には、二つの橋が並行して架けられている。上流の橋の上には祇園社の神輿が描かれており、下流の橋にも多くの人が描かれている。室町時代末期頃までは、四条の橋は、祇園会の重要な行事である神輿の

くろがね橋（『幕末・維新　彩色の京都』より）

渡御《とぎょ》や神輿洗いの儀式のために一時的に架けられる仮橋であったようである。四条に鴨川全体を結ぶ本格的な大橋が架けられたのは、安政四（一八五七）年のことであった。四条橋が四条大橋とよばれるようになったのはこの頃からだろうか。

上の写真は、西側から四条大橋を写したものである。一八七四（明治七）年に、我が国で初めての鉄橋として架けられた。鉄橋であったため「くろがね橋」とよばれ注目されたが、借金の早期返済のため通行料が徴収されたため、「銭取《ぜにとり》橋」ともよばれ、評判が芳しくなかったという。その後、一九一三（大正二）年に、四条通の拡幅にあわせて市電が通るようになり、鉄筋コンクリートのアーチ橋として架け替えられた。

現在の四条大橋は、一九四二（昭和一七）年に架橋されたものである。三条大橋と五条大橋が秀吉架橋当時の擬宝珠付き欄干や木橋風の景観を引き継いでいるのとは対象的に、四条大橋はつねにそれぞれ時代を先取りする新しい景観を創りだすモダンな橋であった。

五条大橋——義経伝説から伏見街道の橋へ

京の五条の橋の上と聞いて、多くの人が思い浮かべるのは、牛若丸と弁慶が斬り合いをしたという義経伝説ではないだろうか。現在、五条大橋の西詰には、牛若丸と弁慶が向き合い、弁慶の長刀をひらり

五条大橋（舟木本「洛中洛外図屏風」より）

とかわす牛若丸の姿をあらわす石造が建てられている。しかし、当時の五条橋の位置は、現在の五条通より北、平安京の五条大路にあたる松原通のほうが近い。

現在の五条大橋は、三条大橋と同じ天正一八（一五九〇）年、豊臣秀吉による方広寺大仏殿の造営にともない、その参詣路であった旧六条坊門小路《ぼうもんこうじ》を新しい五条通として架けられた橋である。この新しい橋は、伏見城への街道の起点としても重要な役割を果たしていたという。

松原通に架かる本来の五条橋の歴史も古い。平安期から鎌倉前期にはすでに架橋されており、清水橋や清水寺橋ともよばれていた。清水寺への参詣のための橋という性格が強かったようである。この橋も四条橋と同様、勧進による架橋の歴史がある。

上杉本「洛中洛外図屏風」では、鴨川の中島の両側に二本の橋が架けられており、中島には、五条橋を管理する法城寺（大黒堂）が描かれている。また、舟木本「洛中洛外図屏風」では、五条大橋の下に鴨川を遡上する薪《たきぎ》を積んだ高瀬舟が描かれており、舟を操る人が、橋を渡る人を見あげる姿がリアルに描かれている。この屏風から室町時代末期には、五条から四条の間で、高瀬川と鴨川が合流していたことが確認できる。

記録により五条橋の規模をみると、中世、応永一六（一四〇九）年に築造された橋は長さが一四三間（約二六〇メートル）とされている。一方、宝永八（一七一一）年の五条橋は、六三間（約一一五メートル）で約半分の長さとなっている。当時の中島の東側の流路が、何らかの理由で埋められ、鴨川の幅が狭まっていることがわかる。川幅の縮小は、先にふれた、寛文年間の護岸整備の影響も考えられる。

秀吉による架橋後も、洪水被害によりたびたび橋が流失しており、洪水に対し万全を期すため、正保二（一六四五）年には、総石造の橋になったという。また、川床には、橋を守るために上下流約四〇メートルにも及ぶ石材が敷かれていた。現在西詰の欄干に付けられた二基の擬宝珠は、この正保期のものと伝えられている。また、西側のたもとにある公園には、天正期の銘が刻まれた石柱も残されている。五条大橋も、場所を変え、数々の歴史を刻みながら、木橋時代の風格を残している。

「山紫水明処」――鴨川から眺めた山並みの景観

京都を代表する景観といえば、毎年八月一六日に行われる五山の送り火である。鴨川から見た東山の大文字などの眺望は夏の終わりを告げる風物詩である。

鴨川の景観を語るうえでも、東山や北山の山並みの眺めを外すことはできない。江戸時代後期の儒学者である頼山陽《らいさんよう》は、文政一一（一八二八）年、丸太町橋の北に水西荘《いせい》を建て、書斎兼茶室「山紫水明処《さんしすいめいしょ》」を造営した。山紫水明処の東側には東山と鴨川が目前に広がっているため、庭は西側に造られており、かつては鴨川の伏流水が湧きでていた井戸が設けられている。頼山陽は、この地におさまるまで京都市内で六回も転居をしていたが、鴨川が流れ東山が眺められるこの地をかなり気にいったようで、「京都は三都第一の景勝と云ふが、その中でも自分の家の処は最も景勝である」と書いている。

頼山陽のいう「山紫」とは東山のことで、江戸時代後期には東山三十六峰とよばれていた、北は比叡《ひえい》山からはじまり、如意ヶ岳《にょいがたけ》、華頂山《かちょう》、長楽寺山《ちょうらくじ》、阿弥陀《あみだ》ヶ峰、稲荷《いなり》山までの南北約一二キロメートルの山地の総称である。この山並みはさまざまな作品に題材として取り入れられている。江戸時代前期の俳諧《はいかい》師服部嵐雪《はっとりらんせつ》は、「ふとんきて寝たる姿やひがし山」と詠み、浮世絵師歌川広重の「京都名所之内」や、元治元(一八六四)年に刊行された『再選花洛名勝図会《さいせんからくめいしょうずえ》』にも東山が描かれている。こうして東山は、今にいたるまで京都の名所のひとつとして人びとに親しまれてきたのである。

東山をこよなく愛した頼山陽は、自らを「三十六峯外史」と号し、山紫水明処へ親しい友人を招き、茶をふるまったり、酒を嗜《たしな》んだりしながら、晩年をここで過ごした。

東山の景観保全の流れ

京都の名所として親しまれてきた東山だが、多くの人たちの努力により現在のような青々とした山並みが保存されてきたことを、忘れてはならない。

植生景観史が専門の小椋純一教授によれば、室町後期から江戸時代末期にかけての京都近郊山地の植生景観を絵図類を中心に分析すると、かつては高木の森林が少なく禿山《はげ》さえも珍しくなかったことが明らかであるという。文化五(一八〇八)年に刊行された『華洛一覧図』に描かれた、比叡山から瓜生《うりゅう》山、大文字山を経て大日山にいたる東山の北部は、禿げ地のような箇所が目立っている。

東山の美しい山並みを形成しているのは森林であるが、幕末から明治初期にかけては乱伐が行われ、山肌が剝き出しの状態となっていた。その後、国による禁伐などの制限が加えられたが、景観保全を目的とするものではなかったため、市民による植林や、京都府・京都市による森林保護方法についての交渉が行われた。その後、一九〇〇（明治三三）年に、初代京都市長内貴甚三郎《ないきじんざぶろう》が、市議会の中で「東方ハ風致保存ノ必要アリ」と述べるなど、積極的な取り組みがなされるようになる。

一九一九（大正八）年に制定された旧都市計画法のなかに風致地区制度が定められ、京都では一九三〇（昭和五）年に最初の風致地区が定められた。この風致地区は、青々とした山並みと寺社などの歴史的資産が織りなす美しい景観を保全することを目的としており、鴨川・東山・北山などを中心に約三四〇〇ヘクタールにも及ぶ広大な範囲であった。それまで京都には、文化財を保存するための制度しかなかったため、風致地区の指定によって面的な景観の保存制度が初めて行われることとなった。

昭和三〇年代からの高度経済成長期には、開発行為による景観破壊の脅威にさらされる一方、市民による景観保全運動が活発化し、一九六六（昭和四一）年には「古都における歴史的風土の保存に関する特別措置法（古都保存法）」が制定された。この法律は、わが国固有の文化的資産である古都における歴史的風土を保存し、国土愛の高揚・文化の向上発展に寄与することを目的に制定された。古都保存法の対象となる古都とは、「わが国往時の政治、文化の中心等として歴史上重要な地位を有する市町村」であり、京都市、奈良市、鎌倉市などの一〇市町村である。また歴史的風土とは、「わが国の歴史的な建造物や遺跡等と、それらを取り巻く樹林地などの自然的環境が一体となって古都らしさを醸し出している土地の状況」とされている。京都においては、東山・北山・西山の三方の山並みやその山裾部などの地域で、歴史的に意義が高く、景観上も重要な地域を「歴史的風土保存区域」に指定し、寺社などの

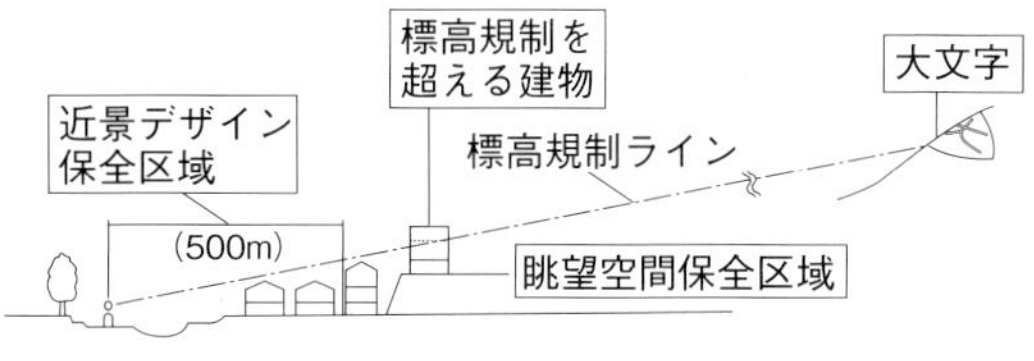

眺望景観のイメージ

歴史的資産と、その背後の山並みを一体的に保存することができるようになった。

二〇〇四（平成一六）年には、景観を整備、保全するための基本理念を定めた景観法が成立し、京都市においては、五十年、百年の京都の将来を見すえた新しい景観政策が実施されることとなった。なかでも、とくに画期的なことは、全国でも初めてとなる、眺望に関する総合的な仕組みをもつ「京都市眺望景観創生条例」が制定されたことである。具体的には、昔から守り引き継がれてきた三八か所の優れた眺望や借景を眺望景観保全地域として指定し、それぞれの良好な眺めや借景の保全をはかるため、建物の高さやデザイン、色彩などの基準が定められている。鴨川右岸からの東山の山並みへの眺めや大文字の眺めも、もちろんその対象となっている。

洛中を流れる鴨川の景観は、鴨川の河川改修や周辺環境の変化を受けつつも、それぞれの時代の知恵や工夫により、かつての歴史的、文化的景観の要素を引継ぎながら、今も多くの人々に親しまれる川として流れつづけている。

（大滝裕一）

都の動脈「高瀬川」

二条木屋《きや》町の南にある一之船入《いちのふないり》の前には、酒樽と米俵が積まれた高瀬舟が停留している。高瀬舟のイメージは荷船だが、人も乗船することがあった。明治の文豪である森鷗外の短編「高瀬舟」で罪人の喜助と同心の庄兵衛が、高瀬川を下る情景を思い浮かべる方も多いだろう。わずか百年前までは、船頭の「ホーイ、シ」、「ホーイ、ホーイ」の掛け声が響いていた高瀬川。都の動脈ともいえる運河の歴史を、水辺の景観を考えながらたどってみたい。

高瀬川の概要

高瀬川は、今から約四百年前の慶長一九（一六一四）年に角倉了以《すみのくらりょうい》・素庵《そあん》親子が造った全長約一〇・五キロメートルの運河である。

運河が掘られた契機は、木材などの資材が鴨川を使って京の都へと運ばれていたことにある。よく知られているのは、京都にある方広寺の大仏殿の再建に用いる木材を運ぶために、鴨川の川筋を掘り直し、水を堰きとめて造った鴨川運河である。鴨川運河は、角倉了以が慶長一五（一六一〇）年六月に着手し、翌年の大仏殿完成にあわせて完成させた。これによって鳥羽から三条までの水運が完成したことを、大仏殿造営の責任者である片桐且元《かたぎりかつもと》が、これはめでたいと京都所司代である板倉勝重《いたくらかつしげ》に書状を送っている。

鴨川で舟を曳《ひ》く様子は、いくつかの洛中洛外図屏風にみることができる。都の繁栄は水運によってもたらされてきた。しかし、白河法皇が「鴨川の水は意のままにならない」と嘆いたように、洪水で鴨川の堰が流され、河道が土砂で埋まることも多く、安定的に物資を運ぶには適してはいなかった。このため、安定して舟運を確保できる高瀬川を開削する計画がもちあがったのも当然といえよう。豊臣秀吉が伏見に城下町を造ってから三年後の慶長二（一五九七）年に、角倉家から東九条村の役人三名に宛てた書状には、農業用の水路を広げ、両側に綱道を付けて高瀬川開発をしたいとの旨が記されている（田中家文書）。樋門によって水量をコントロールできる運河がいかに大切であったかを知ることができる。実際に高瀬川の開削が始まるのは、それから一四年後、大仏殿完成と同じ年の慶長一六年のことである。

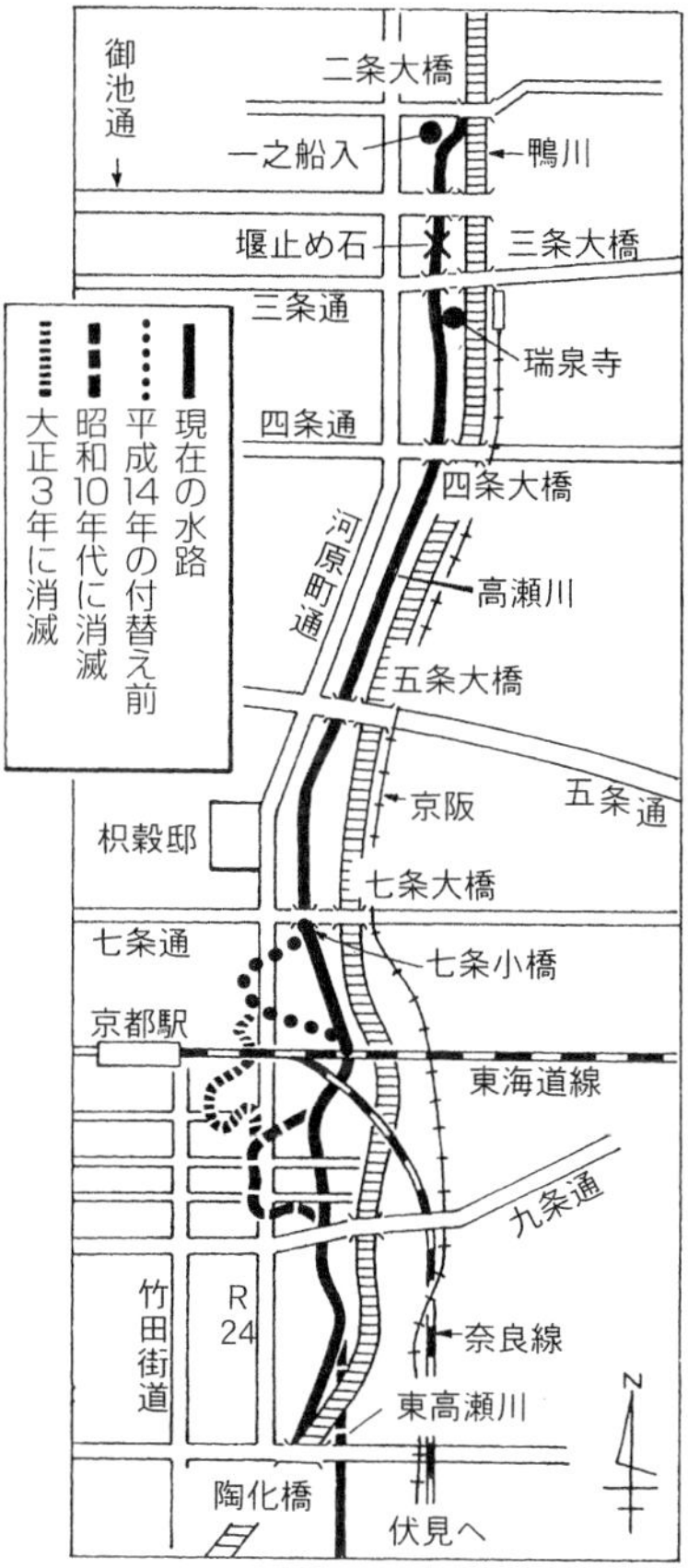

高瀬川
（『もっと知りたい！ 水の都 京都』より）

角倉家は江戸幕府に新運河の開削許可を願い出て、工事開始から三年後の秋に完成する。奇しくも、角倉了以はこの年の七月一二日に完成をみることなく亡くなっている。了以、六〇歳の夏であった。

高瀬川は、田中家文書からもわかるように、既存の水路を利用して造られた運河である。江戸時代の古文書や地図から当時の流路をたどってみよう。

鴨川から水を取り入れる二条木屋町の旧角倉家樋ノ口《ひのくち》屋敷跡（現在は「がんこ高瀬川二条苑」）から七条までは、鴨川に沿って真っ直ぐに流れている。これは鴨川の分流を利用しているためで、三条小橋《こはし》（一五九一年造）を過ぎると、四条付近でいったん鴨川の本流に戻り、五条あたりからふたたび高瀬川として独立した流れとなり七条まで下る。七条から南は農業用水路を利用しているため湾曲している。これは、工事費の軽減のためともいわれているが、むしろ既存の水路を使うことで運搬に必要な水量を確保するためではないかと考えられる。現在の河川工事にみられる、いち早く排水するための直線的な整備をよしとするのではなく、既存の施設を活用し周囲との共生をはかる工法に教えられる部分は多い。

二条から約五キロメートル下り、現在の東九条南松ノ木町付近で鴨川を横断する。その後は現在のわかくさ児童公園付近で鴨川から取水する東高瀬川（農業用水路）となり、稲荷領、竹田領の田畑を潤しながらゆるやかに流下し、狩賀町で七瀬川と合流する。その後は伏見城の外堀の役目も果たしながら、宇治川の派流にある伏見船番所にいたる。

このように、高瀬川は鴨川をはさんだ二本の運河から成る、鴨川の分流と農業用水路を拡張して造られた既存施設利用型の運河といえよう。

高瀬舟から京都を眺める

高瀬舟に旅人が乗船している様子を描いた絵は少なく、伏見稲荷の初午詣《はつうまもうで》で高瀬舟から降りる乗客が描かれている『再撰花洛名所図会』（一八六四年）は貴重な一枚である。絵図には「近年二月初午当日前日とも四条小橋の辺より高瀬舟を出でり舟毎に長幼男女ほころぶばかりに乗合て稲荷橋の上り場迄《まで》は凡《およ》そ一里の急流一瞬の中なるを」とあり、幕末の頃には高瀬舟で伏見稲荷の初午詣に行くことが、ブームであったことがわかる。乗り場は四条となっているが、高瀬川に詳しい郷土史家の石田孝喜氏によると、三条、四条、五条、上ノ口、七条の各所で客待ちをしていたとのこと。ふだん舟に乗ることのなかった町の人びとにとって、川下りは娯楽のひとつでもあったのだろう。この日の舟は、洗い清められ、毛氈《もうせん》が敷かれていたという。

伏見稲荷の初午詣、稲荷橋で高瀬舟から降りる乗客
（『再撰花洛名所図会』巻八より）

　川下りの様子については、京都から大坂に下り、長崎にいたる道中記『西国船路道中記』（一六八〇年）に詳しい。「京より伏見迄三里、高瀬舟かりきり代五匁、高瀬舟のりかけ一駄人共に一匁、高

瀬舟のりあい代十文づつ」「京より伏見までの間に名所少々あり。五条の大ばしすぎて大仏、同三十三間堂、十二の橋、左のかたに泉涌寺《せんにゅうじ》、おなじく東福寺、同いなりの御社、ふか草藤の森のやしろ、すみそめの井、その名所しるすにおよばず」とある。遠くに見える寺社などを眺めながら下る約三時間の行程は、今でいう観光バスと同じようなものであろうか。

この舟から見る景観は、見慣れた木屋町の町並みや田園風景とは違ってくる。その理由のひとつは、視線の低さにある。明治期の写真をみると高瀬川の水面は周囲の道路とほぼ同じ高さである。このために、商家や土蔵をいつもよりも大きく感じたことであろう。

二つ目は川幅が七メートルと狭いため、人々の暮らしや建物を身近に感じることである。『拾遺都名所図会』(一七八七年)には、高瀬川で洗濯をしている女性を見ながら舟が進む様子がみえる。江戸時代の文献には、高瀬川の水を汲んで飲み水に使っていたとの記述もある。川とともにある暮らしを見ながらの舟の旅は、渓谷の風景を楽しむ保津《ほづ》川下りとは大きく異なる。保津川下りは明治の文豪である夏目漱石が『虞美人草』に記したように、流れの怖さなど予期せぬ驚きが楽しみのひとつであるが、水量がコントロールされた高瀬川にはそれがない。

三つ目にあげられるのが、道からは見られない景観である。前述の『西国船路道中記』は社寺に合わせて、一二の橋を取りあげている。これは橋を潜る高瀬舟の面白さを示しているのであろう。前述の『拾遺都名所図会』をみると高瀬川に架かる橋は、今とは違い曳き子の身長よりも高くなるように架橋されていた。トンネルほどではないが陰影を感じ、くぐり抜けた後の場面を期待する効果もあった。街中の水郷めぐりといえば、福岡の柳川が有名だが、こうした川下りには通りの裏側から見る建物、橋の

地面から２メートルほどの高さに架かる橋。このような橋が約30もあり京都特有の風景であった。（『拾遺都名所図会』巻一より）

下を進む面白さなど、観光バスとは違う楽しみ方がある。

　こうして、乗船者は炭屋や材木屋などの商家や藩邸が建ち並ぶ二条から七条までは、人々のにぎわいに目をやりながら華やかな情景を楽しむ。近年、視覚だけでなく聴覚で感じる音風景（サウンドスケープ）も注目されているが、当時も売り買いをする声、牛車の音など暮らしの音に都のにぎわいを感じたことだろう。

　七条から先は周囲の様相が一転する。田畑が広がり遠方の風景を楽しむのに最適な場所となる。西を見ると東寺《とうじ》の五重塔、東には清水寺《きよみずでら》と、自然と調和した寺院を眺めることができた。十条の北あたりまで下ると、鴨川との横断地点に出る。鴨川に杭を打ち、土俵で流れを止めて一定の水深をつくることで鴨川を斜めに高瀬舟が横断できるようになっていた。舟に乗った人びとは、ここで鴨川の雄大さを目にし、その後は、のどかな田園地帯を下る。鷗外の「高瀬舟」に「加茂川を横ぎった頃からは、あたりがひっそりとして、只舳先に割かれる水のささやきを聞くのみである」とあるとおりである。明治期の写真をみると高瀬川沿いには樹木も植えられていた。舟を曳く船頭のため日陰を設けたのだろうか。伏見までの船旅を楽しむ旅人は、伏見城下を左に眺めながら伏見港に着く。船着き場には、坂本龍馬とお龍で知られる寺田屋などの船宿や酒蔵などが並ぶ。旅人は茶屋で一服し、大坂へと高瀬舟から三十石舟に乗り換えることとなる。

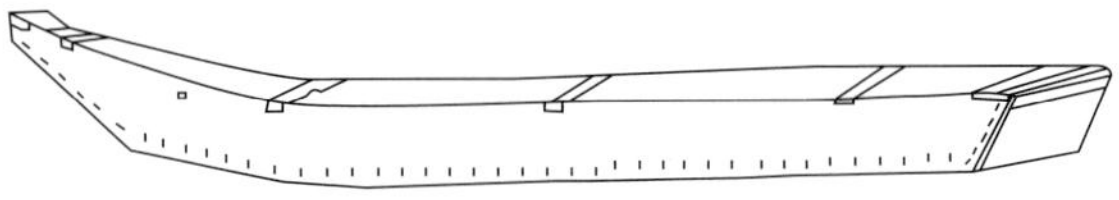

高瀬舟の図（『京都 高瀬舟』より）

高瀬川と高瀬舟

舟の原型は大木をくり抜いて造られていたが、川の浅瀬も航行できるように、舳先が高く上がり底を平たくした箱のような構造が特徴で、備前《びぜん》国、美作《みまさか》国、播州《ばんしゅう》滝野、上州《じょうしゅう》など各地にみられた。二条と伏見をつなぐ高瀬舟は、十石積と十五石積の二つのタイプがあり、文政七（一八一〇）年の文書によると、十石積は長さが五間五尺（約一〇メートル）、幅六尺五寸。十五石積は長さが六間一尺（約一二メートル）、幅六尺八寸（約二メートル）である（『高瀬覚書』）。天保一二（一八四一）年の資料によると、当時一五〇艘もの高瀬舟が就航していたという。

高瀬川のある風景

『拾遺都名所図会』には、橋の上から高瀬川を眺めている女性や荷物を運ぶ人夫が描かれている。視線の先にあるのは、船頭の掛け声にあわせて進む高瀬舟であろうか。それとも小魚の泳ぐ姿を追っているのか。川を見る時にはつい魚影や水鳥を探してしまう。水鳥が餌をついばむ様や小魚の泳ぎまわる予期せぬ動きに驚きと楽しさを感じるのであろう。高瀬川での動きは生き物だけではない。高瀬舟の上り下りの様子に誰もが目を留めたことであろう。この絵では、フンドシ姿の男が舟を曳いている。曳き子は、左図が三人一組、右図は四人一組である。曳き子が持つ綱の長さは二〇メートルほどあり、ピンと張られた綱が描く線の構成が面白い。江戸時代の器のデザインにも、曳き子が舟を曳いて上がる情景を描いている品が多く、当時の人々に好まれた情景であったことがわかる。

明治期に曳き子をしていた古老（故山内吉之助氏）の口伝《くでん》が、先の石田孝喜氏の著書『京都 高瀬川』に記されている。朝六時から七時に伏見から、一三艘なり、一五艘なりの船団を組んで上がる。先頭は先曳きといい五人が並んで曳き、あとの舟はひとりで曳いていた。江戸時代の絵図とは少し異なる。時代ごとに違いがあったのかもしれない。伏見から二時間も曳くと七条近くまで来たというから、九時頃には木屋町沿いの舟入で荷下ろしが始まっていたことになる。荷を積んだ一〇〇艘もの舟が、無骨な男たちに曳かれて高瀬川を上がってくる。今でいうなら、朝のJR京都駅のような感じであろうか。活気あふれる日常の風景である。

帰りの舟には風情がある。上りの船団とは違い、一艘、一艘がそれぞれに荷を積み伏見へと下った。早い人は午後三時頃には家に帰っていったというから、昼から夕方まで川の流れにまかせてゆっくりと高瀬川を下る荷舟を見られたことになる。車方の関係から積み荷は薪だけと決められた時期もあったが、やがて物資の輸送は舟へと移行し、米、酒、醬油、ニシンなどの食品から、畳、鍋、鉄、車の輪などが

北水画　五条橋下（『都百景』より）

高瀬川沿いの木材問屋
（『京雀』巻七より）

運ばれている。目の前をさまざまな品々が通り過ぎる、街の活力や雑踏の中の心地良さを感じたことであろう。

二条から四条の約一キロメートルの間には、一〇〇メートル間隔で、荷物の上げ下ろしをするための舟入が九カ所設けられていた。また舟の向きを変えるための舟回しのほか、七条通りの北側には内浜があったことも知られている。舟入の規模は、奥行が約三〇間から五〇間、幅が二間から八間と時代ごとに変化している。この舟入の周囲には商家や土蔵が建ち並び、問屋街を形成していた。現在の地名に残る材木町や紙屋町などの名称からも当時の様子をうかがうことができる。

石でできた五条橋の橋脚の間を高瀬舟が上がっていく情景を描いた浮世絵がある。絵をみると、一人の曳き子が一艘を担っている。荷は米俵で、船尾にあるのは昼食の支度であろうか。鴨川で魚を捕る漁夫も描かれている。この絵から、五条橋

伏見の船着場　円山応挙画「淀川両岸図巻」（部分）（原美術館蔵）

の下を高瀬川が鴨川と並行して流れていたことがわかる。当時、鴨川と高瀬川の水面の高さが、洛中の商家と同じであったことを知るうえでも興味深い一枚である。

伏見港・高瀬川の変遷

高瀬川の終着点である伏見港は、豊臣秀吉が伏見に城下町を造る際に物資の集積地として整備した港である。この港は宇治川の派流を利用しているが、伏見城図をみると派流が宇治川とほぼ直角に交差していることから意図的に川の水を引きこんでいることがわかる。

江戸時代中期の画家である円山応挙の描いた鳥瞰《ちょうかん》図「淀川両岸図巻」で伏見港全体の様子をうかがうことができる。中央に流れる派流に架かる橋、向かって右側が蓬莱《ほうらい》橋で左が京橋である。京橋の長さが二二間（約四一メートル）であることから、伏見港は物資の往来に十分な広さをもっていたことがわかる。この二橋の間にある京橋水路に架かる橋が今富《いまとみ》橋である。この京橋水路は、一九四四（昭和一九）年に始まった伏見港改修工事の残土で埋められた。絵の左の上にみえる川が伏見城の外堀を兼ねる濠《ごう》川、その向こうに小さくみえる水路が高瀬川である。現在の高瀬川は、わずかに三メートルの幅しかなく、石碑「角倉了以翁水利紀功碑」がなければ当時の面影をしのぶことはできない。高瀬川の水源を留めて、伏見港ではなく、直接、宇治川に注ぐ新たな高瀬川、東高瀬川（当時は新高瀬川とよばれていた）を整備したためである。これは、一九二二（大正一一）年から一九三一（昭和六）年にかけて行われた観月橋《かんげつ》から三栖《みす》までの伏見新堤の工事に起因している。伏見港が新堤の中に入ったために、伏見の街に降った雨の排水対策が課題となった。伏見港に注ぐ河川の水量を少なくする必要があったのである。東高瀬川は琵琶湖疏水から放流も受けられるようにし、高瀬川は丹波橋通から上流の水源を失い雨水のみを排水する水路となった。

鴨川への合流地点から上流も必要に応じて変遷をしている。七条橋より下流は、開削の際、農業用水を利用したため、流路は河原町通を越えていったん南西に行ったのち、ふたたび河原町通を越えて南東に戻る。アルファベットのCのような形で流れていたが、国道の拡幅工事により、現在は直線的な流路に付け替えられ、旧流路はコンクリート三面張りに整備された。その後、住宅や公園整備に向けて、埋め立て工事が始まっている。

鴨川への合流地点も、従来は鴨川に架かる勧進橋《かんじん》のすぐ北あたりだったが、一九九二年に始まった住環境整備により、約二〇〇メートル川上に移動した。このあたりはかつて高瀬川と鴨川に挟まれた国有地の河川敷だったが、高瀬川の上などに木造のトタン葺きの家が並んでいた。戦後、歴史的な経緯から住むことを余儀なくされた人びとや、さまざまな事情で帰国がかなわなかった在日コリアンの人びとなどが住み、住所がないことから、通称「ゼロ番地」「四〇番地」とよばれていた。このため、国と京都府、京都市は堤防を造り、高瀬川の流路を短くして、埋め立てた土地に公営住宅を建設、鴨川が増水した時に高瀬川への逆流を防ぐため、合流地点に樋門を設けた。高瀬川をたどりながら、こうした歴史も思い起こしたい。

　水が涸れている箇所もある。陶化《とうか》橋の北東に位置する「わかくさ児童公園」付近を起点とする東高瀬川は現在、鴨川から取水をしていない。水源を失ったこの川は、起点からコンクリート三面張りの無愛想な流路が南へと続き、歴史のある川の無惨な姿に複雑な思いを感じる。このあたりに阪神高速京都線の鴨川東出入口が出来たため、風景が一変したが、東高瀬川が埋め立てられることはなかった。近年、堀川や西高瀬川に清流を戻す整備が進み、いったんは隔たりのあった川と人が徐々にではあるが、ふたたび近しい関係になりつつある。そうした時代の流れのなかで、この東高瀬川の水源も将来は復活させ、水辺の風景を取り戻してほしい。

高瀬川　鴨川への合流点

　一方で、空間にうまく川を取りこんでいるケースがある。高瀬川に架かる三条小橋のたもとに一九八四年、建築家の安藤忠雄氏が設計したビル「ＴＩＭＥ’Ｓ」が完成した。欄干の脇から下りて、川のほとりに設けられた路地のような通路を歩くことができる。ゆるやかな川の流れを眺めながら、テラスでくつろぐ人も多い。徐々に変化の兆しはみられるものの、まだまだ街中には河川に背中を向けた建物が多いなか、この商業施設が出来て、水を身近に感じられる風景に変化したのがうれしい。「深き水は涼しげな

「ＴＩＭＥ’Ｓ」ビル（高瀬川三条小橋南）

し。浅くて流れたる、遙かに涼し」と『徒然草』にあるように、まさにこの眺めは、鎌倉末期の遁世者である吉田兼好が好んだ流れである。

街づくりを計画するなかで、川をどのように取り入れるかによって、まったく違った景観となる。水のもつパワーや水が語る歴史を街づくりに活用しないのは損失であろう。かつての高瀬川がそうであったように、川から見た街の風景という視点も忘れてはならない。時が流れ、建物が建て替えられても、歴史のあるこの川が、周囲に調和し、よりいっそう魅力的な姿に映る。そんな京都でありつづけてほしいと願う。

（鈴木康久・平野圭祐）

舟運の要所「淀」

淀《よど》の周辺は、平安の昔から鴨川が流入する桂《かつら》川、木津《きづ》川、宇治《うじ》川が流れこむ巨椋《おぐら》池と水に恵まれた地点であり、明治までの千年間にわたり水運の要所として栄えてきた。この繁栄の歴史をたどるなかで、『淀川両岸一覧《よどがわりょうがんいちらん》』（一八六一年）にならい西側からみた景観を類推していきたい。

中世――平安から室町「水の風景」

平安初期の淀津《よどのつ》（淀の港）の場所は、桂川の右岸で産土《うぶすな》神を祀る與杼《よど》神社（淀姫神社）があった水垂《みずたれ》のあたりと考えられている。港から河川を眺めると北からは桂川、南からは木津川、正面にあたる東には宇治川が流れこむ巨椋池が広がり、集まった水が大河（淀川）となって河内から摂津へと流れていく。今では想像できない雄大な「水の風景」が広がっていた。当時の地形図（推定）によると、目の前には多くの小島があり、その向こうには巨椋池が見える。河川が運んできた土砂が堆積した小島には、草原と数軒の小さな漁家。ゆっくりとした時間が流れていたのであろう。

では、三方から水が集まるこの地を当時の人は、どのように感じていたのであろうか。桓武天皇が延暦二三（八〇四）年七月二四日に「与等津《よどつ》」へ行幸したことが『日本記略《にほんぎりゃく》』に記されている。天皇も訪

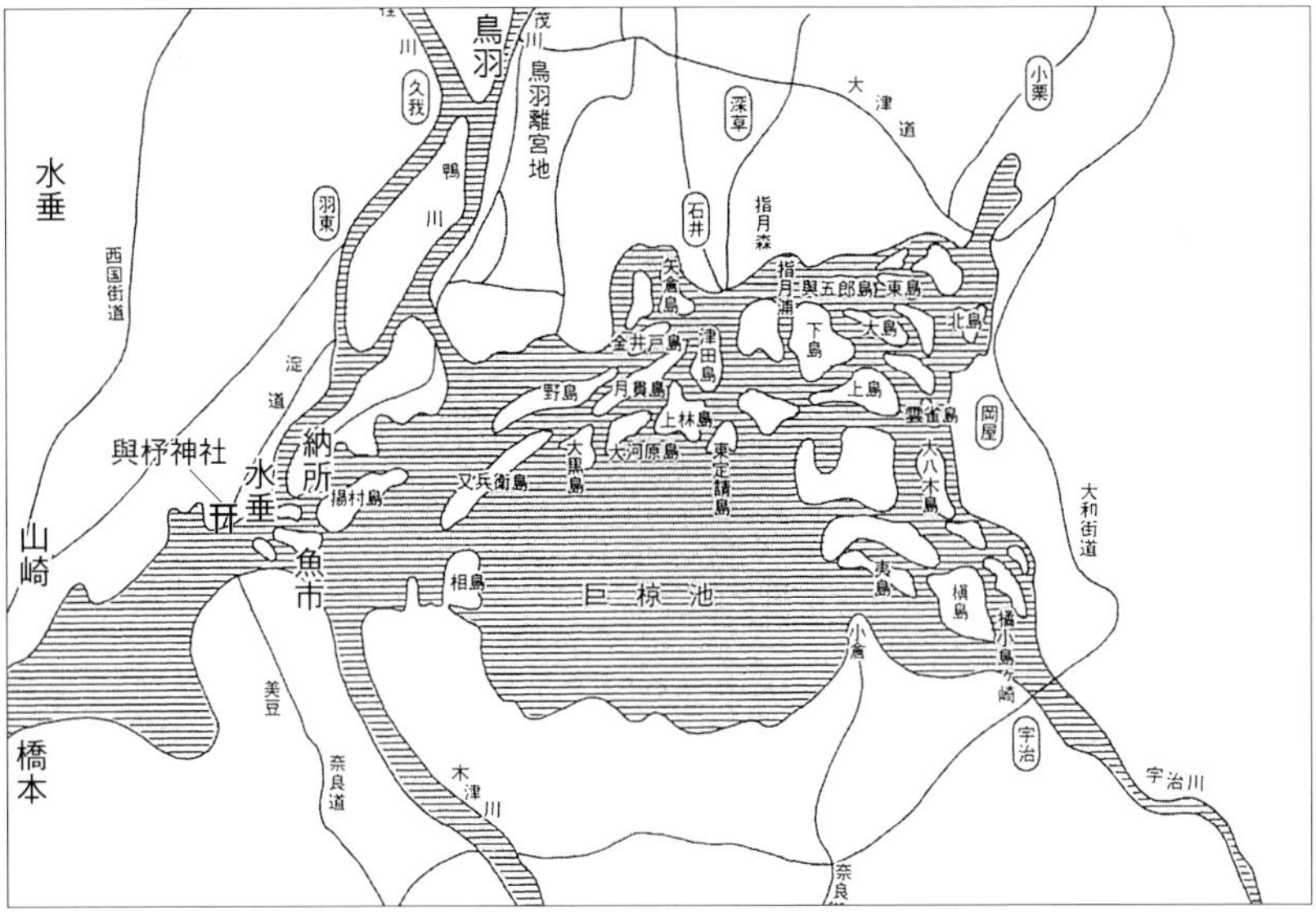

秀吉が巨椋池を改修する前の図（『巨椋池干拓地のいま』収載の図に地名を追加）

れたいと思う風光明媚な活気のあふれる港であったのであろう。にぎわいについては、『延喜式《えんぎしき》』に播磨《はりま》国から与等津まで船賃について、「自国水漕与等津船賃。石別稲一束。〔中略〕水手一二束」と記されおり、備前《びぜん》国や備後《びんご》国など出発地が遠方になると船賃が少しずつ高くなっている。大坂の八軒家《はちけんや》浜で諸国からの荷物を過書船《かしょぶね》へ積み替えて運んでいた江戸時代とは異なり、諸国から淀津への舟が往来していたため、この地は水運の結節点として、人びとでにぎわう華やかな港であった。清少納言が記した『枕草子』に「卯月のつごもりかたに、初瀬にまうでて、淀のわたりといふものをせしかば、舟に車をかきすゑて」とあり、京都から長谷寺詣でに行くのに陸路で淀まで来て、淀川を車ごと舟で渡り奈良へ向かうことがわかる。この記述からも、当時、淀が交通の要所であったことがみえてくる。

この他に周辺の津としては、奈良・東大寺の大

山崎架橋図（和泉市久保惣記念美術館蔵）

仏建立に尽力した行基が神亀三（七二六）年に橋本と山崎の間に架橋させた山崎橋で知られる「山崎津《やまざきのつ》」、淀と鳥羽の間に平家一門が福原遷都のために出航した「草津」などがあった。この草津の名からもわかるように、桂川の周辺は草原であったと思われる。

　周辺における平安期の大きな変化は、白河上皇が淀から桂川の約四キロメートル上流にあたる鳥羽に離宮を造営したことである。鳥羽離宮は、「鳥羽水閣」ともよばれるように、東から離宮の南端に沿って鴨川、西側には桂川と水に囲まれた離宮であった。この一〇〇ヘクタールもの面積を有した離宮の造営に際しては、『扶桑略記《ふそうりゃくき》』の応徳三（一〇八六）年一〇月の条に「公家、近来九条以南の鳥羽山荘に新たに後院を建つ、凡《およ》そ百余町を卜《ぼく》す。近習の卿相・侍臣・地下の雑人などおのおの家地を賜り舎屋を営造す。あたかも都遷の如し」とある。鳥羽離宮と淀津との関係については、九条兼実《かねざね》の日記『玉葉』の文治四（一一八八）年の条に、天王寺へ下向する。鳥羽南楼辺りの川が浅く舟が着かないため、「魚市《さかないち》〔現在の淀〕」で乗船したとの記述がみられる。このように鳥羽離宮があることで、乗船の場として周辺の地が使われるようになり、港としての役割を高めていったことが知れる。この鳥羽離宮は室町時代まで使われていたという。

　室町時代までの河川の様子を山崎架橋図から推察することができる。絵図をみると山崎津と思われる

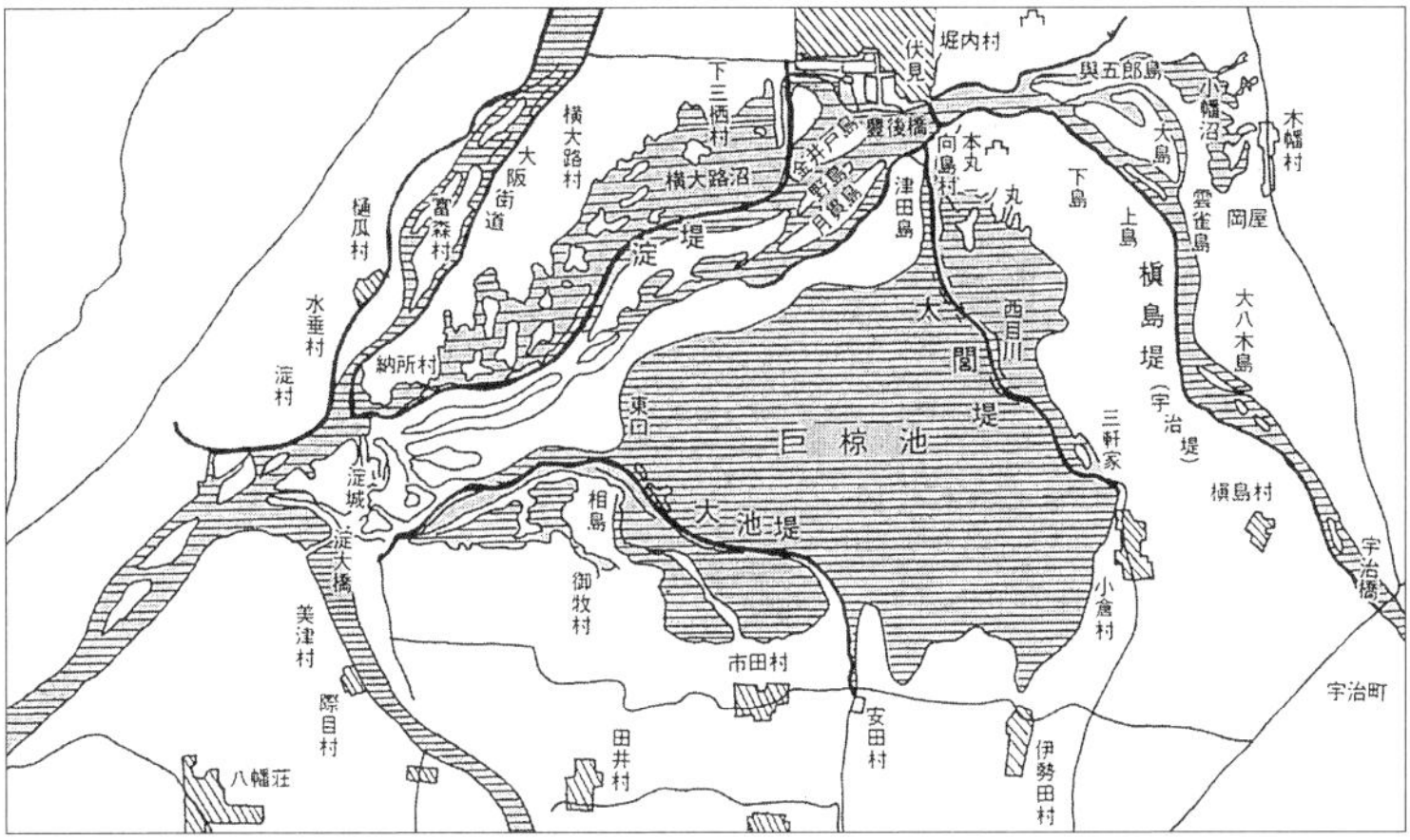

秀吉が巨椋池を改修した後の図（『巨椋池干拓地のいま』より）

手前には人家が建ち並び、淀川には貴人が乗った御座船や荷を運ぶ小船など、大小さまざまな船が往来する様子が描かれている。対岸には何かの儀式であろうか、一〇名以上の貴人の姿がみられる。

これらのことから、淀津は平安遷都から数百年にわたり、川には諸国からの舟が往来し、目の前には水面と草原が広がる、何とものどかで雄大な風景が広がっていたと推察される。

近世――室町後期から明治「水の景観」

太閤秀吉の巨椋池改修

戦国時代の終わり、文禄元（一五九二）年に豊臣秀吉が伏見に城（指月屋敷《しげつやしき》）を築くことから、淀の景観は大きく変わることとなる。伏見に城下町を造った秀吉は、伏見を物資が集積する港にするため、文禄三年に宇治川の改修を行い、巨椋池に流れこんでいた宇治川の流れを槇島堤《まきしまつつみ》で止め、伏見へと流れるように流路を変えた。このことで宇治近郊の産物が伏見へと運搬できるようになった。

もうひとつの大きな工事が淀堤である。これによって、湿地帯であるため大きな舟が運行できなかった巨椋池が宇治川と分離され、三十石舟によって大坂からの荷を伏見まで運ぶことができる河道が整備されることとなった。大坂から宇治までの舟の大きさや舟運の権利は細かく定められており、宇治から伏見までは十石舟、大坂の八軒家浜から伏見まで旅人を運ぶ舟は三十石舟、大きな荷舟は草津まで就航し百石舟などが使われていた。これらの舟は、過書船や伏見船《ふしみぶね》とよばれ、江戸期のそれぞれ年代に応じて舟運範囲や舟数も決まっていた。

これらの大工事によって、中世まで中島であった現在の淀の区域が広がり、物資の集積地は、都への運搬により便利な桂川の左岸へ移行することになった。淀の景観も大きく変化した。巨椋池は二キロほど東に遠のき、変わって桂川と宇治川、木津川が目の前で合流することとなった。これほど大規模な河川工事はこれまでの日本の歴史をみても類例がない。現在の淀の姿はこの時代に固まったといえよう。こうして、のちの保津川や高瀬川の開削にもみられるように、人の手で河道を変えることが、新たな産業基盤を生みだすことにつながっていく。

この時代まで、河川と巨椋池、草原、そして草葺きの漁家で構成されるのどかな風景が広がっていた淀は、淀城が姿を現す頃から大きく変化することとなる。

水上の城「淀城」

元来この地は、藤原薬子《くすこ》の乱（八一〇年）で、嵯峨天皇が都を守るために大納言坂上田村麻呂《さかのうえのたむらまろ》らをつかわし、兵をおいたことからもわかるように、都の防衛上で欠かすことができない重要な位置にあった。

数百年の時を経ても同様で、『明徳記』によると明徳二（一三九一）年に山名氏清が足利義満に対抗して淀の中島に布陣したとある。戦で忘れてはならないのが、信長亡き世を決める山崎の合戦である。明智光秀が、羽柴秀吉との戦の前日に淀古城（現在の淀城と区分できるよう、淀古城の名称が使われている）を修復したことが、光秀と親交があり吉田神社の神主であった吉田兼見の日記『兼見《かねみ》卿記《きょうき》』にみられる。このように天下を分ける決戦の場面に登場する淀の特性は、都周辺の地であることだけで説明できるものではない。

この地を守る淀古城に関しては『細川両家記』に、この地にこもった薬師寺興一《もとかず》を細川政元の命により、興一の弟である薬師寺興次が永正元（一五〇四）年に攻めるとあり、室町後期にはすでに淀に館《やかた》があったことがわかる。淀古城は現在の納所《のうそ》にあった。当時は、この地域一帯を淀と称していたのである。

淀古城の住人として最も知られているのは、淀殿《よどどの》であろう。豊臣秀吉の側室である茶々は、この城で秀吉の初めての子、鶴松を天正一七（一五八九）年に出産する。このことにより、茶々は「淀殿」、「淀の女房」とよばれるようになり、淀の名称が日本中に知られることとなった。この淀古城は淀殿が大坂城に移ったあともしばらくは使われるが、伏見城が出来たことで文禄三（一五九四）年に廃城となった。その跡地には、不思議なことに地元・淀ではなく、大坂の住人法花又左衛門の願いによって寛永七（一六三〇）年に妙教寺が建立された。現在、境内には先代の住職が建立した石碑「史跡 淀古城跡 戊辰役砲弾」がある。

寛永二（一六二五）年、京都の守護のために徳川家光が松平定綱に命じ、淀古城に替わる淀城を魚市に築城した。この淀城はいくつかの絵画に描かれており、『淀川両岸一覧』でも天守閣を松の向こうに

「淀城天守閣之図」（渡邊辰江氏蔵）

みることができる（本書一一四頁）。この天守閣の構造は、淀藩の家臣である渡辺善右衛門が描いた絵によると、二重の大入母屋《おおいりおもや》屋根の上に三重櫓《やぐら》を乗せた五重の望楼型天守で、入り組んだ破風《はふ》の天守と隅の張り出した二重櫓に特徴がみられる。当初は、豊臣秀保（関白豊臣秀次の弟）が築いた大和郡山城の天守閣であったが、慶長七（一六〇二）年に二条城に移築され、御水尾天皇の二条城行幸のあと、淀築城にともない移築されている。この天守閣が宝暦六（一七五六）年の雷で焼失したことは残念である。豊臣家や徳川家とかかわりの深い天下の名城を見た旅人は、どのように感じたのであろう。

『淀川両岸一覧』「淀城御茶屋」（本書一〇二～一一五頁）の絵を一二枚並べてみると、当時の様子がみえてくる。田園風景のなかに忽然と現れる淀城。川沿いに約一キロメートルにもおよぶ石垣が続く。元禄四（一六九一）年、オランダ商館長の江戸参府に同行したドイツの博物学者ケンペルは次のように記している。

町の外回りにも、町の中にも川が流れている。〔中略〕町の西側にある城は、広い川の真ん中にあり、荒削りの石で堂々と築かれていて、外側の城壁の角と中央には日本の建築法によって建てられた幾層かの白い櫓があり、大へん美しくわれわれの目をひいた。掘をめぐらし石を積み上げた外郭の城壁はずっと町の際まで延びている。（斎藤信訳『江戸参府旅行日記』［平凡社東洋文庫］元禄四年二月二八日）

この記述から淀は、城の石垣を中心にした水平の線からなる景観特性をもっていたことがわかる。ある意味で、ヨーロッパの湖面に浮かぶ城のような幻想的なイメージをも発していたのではないだろうか。

さらに絵をみていくと、石垣の上に配置された七カ所の物見櫓と五〇本余りの城中の松が連続的に描写される単調な情景のなかに、ランドマークとして「淀水車」や「淀小橋」が描かれている。淀川を行き交う舟も多く、全部で二一艘ある。最も大きな舟は、天守閣の前に描かれた、大坂へ向かう旅人を乗せた三十石舟で、三人の船頭の姿がみえる。水車の前に描かれた伏見へ向かう三十石舟には五人の船頭が乗り、舟を竿で押して上がっていく。帆を掛けた荷船も多い。興味深いのは、『都名所図会』にある二人乗りの「貨食舟《にうりぶね》」が九艘も描かれていることである。三十石舟の乗客が、周囲の風景を見ながら食事やお酒を楽しむ場所として適していたのであろう。これらの舟が景観に与える意味は大きく、静から動のイメージを与え、飽きることない情景を生みだしてくれる。舟上の旅人は静と動の情景のなかに、当時の最先端の技術を駆使した水車や橋などの構造物で構成された景観を、興味津々で楽しんだことであろう。

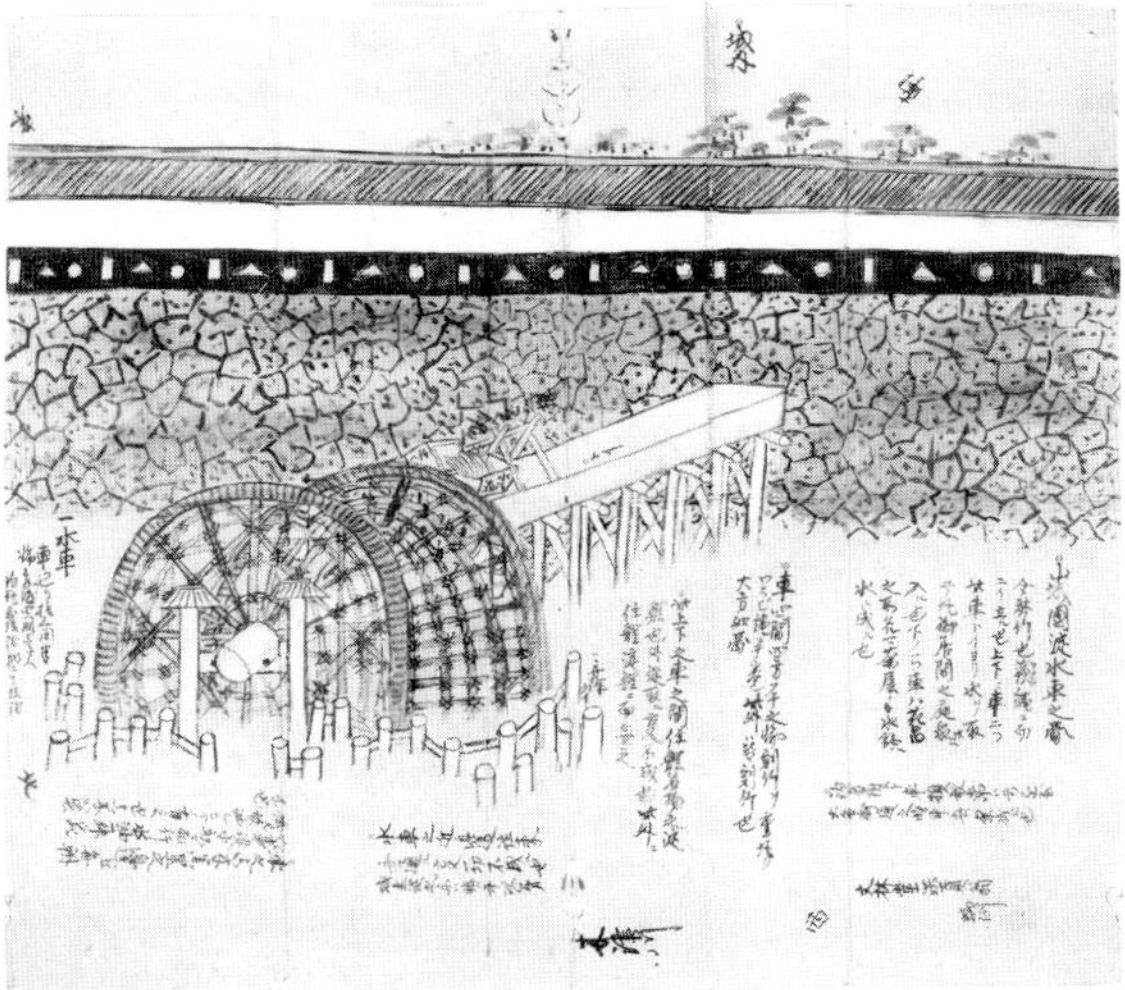

「山城国淀水車之図」（渡邊辰江氏蔵）

最先端の技術を駆使した「淀水車」

『淀川両岸一覧』に描かれている水車は、直径が八間（約一五メートル）もありその大きさゆえに異彩を放っている。側にある柵は、水車を流木などから守るために作られたのであろう。淀に宿泊した朝鮮通信使も水車に注目しており、延享五（一七四八）年に通信使の画員である李聖麟が「淀浦」の中で水車を描き、従事官である曺命采が一六枚の羽根がついた水車が流れによって回り、それぞれの羽根に付けられた木桶が自動的に水を汲みあげる様を賞讃している。当時、朝鮮にはこれほど大きな水車はなかったようで、最先端の技術が淀のシンボルであった。

水車は小アジア地方（トルコ）で発明されたといわれており、すでに『日本書紀』の推古天皇一八（六一〇）年の条《くだり》に水車を利用した製粉機に関する記述がみられることから、比較的早い時期に中国から日本に伝わったことがわかる。明治三五年から四〇（一九〇七）年にかけての水車の利用実態調査を行った末尾至行教授の報告によると、宇治から淀の間に二〇〇余もの水車があり、農業のために水を汲みあげていたという。

水車は桂川と宇治川が交わる箇所と、江戸初期に木津川が桂川に注ぎこんでいた箇所にあり、城内の庭（池の水）と花畑のための水を汲みあげていたという。淀水車の形状は、渡辺善右衛門が描いた「山城国淀水車之図」に詳しい。詳細をみていくと構造部は竹を組み、羽根は木材、不思議なことに水を汲む桶は四角で、大きさは四間三尺（約八メートル）である。図に木津川と記されていることから、旧木津川の水を汲みあげていた水車であることがわかる。一方、『日本山海名物図会』（一七五四年）と『都名所図会』（一七八〇年）に描かれた水車は部材が木製で構造が他にくらべて単純化されており、羽根の真ん中に吊した木桶で水を汲んでいる。

このように水車の形態は一様でなかった。淀水車の特徴はその大きさにある。太田南畝《なんぽ》の見聞録『半日閑話《はんにちかんわ》』（一七九五年）には「山州淀の外北の方大川の中に水車二つあり。其車大サ差わたし八間あり。廻り二十四間なるべし。釣瓶一つに水一斗六升入るよし。川水を城の方に汲入る為なり」とある。当初は直径八間であったが、江戸後期以降は少しずつ小さくなったといわれている。しかし、その大きさは他とくらべて抜きん出ており、舟で往来する旅人の印象に強く残ったことであろう。その証として、三重県の民謡で「淀のよそいの水車、サー何を待つやらくるくるとくるくる」と歌われているほか、日本の各地に淀水車を参考にして水車を作った話が伝わっている。

淀小橋、淀大橋

もうひとつのランドマークが、淀城下と周辺とつなぐ淀大橋と淀小橋《こばし》である。「淀橋本観桜図屏風《よどのはしもとかんおうずびょうぶ》」には、橋のたもとで桜を楽しむ民衆の姿がいきいきと描かれている。その遠景として淀大橋、構図を引き

「淀橋本観桜図屏風」（大阪市立博物館蔵）

締める意味で左に淀小橋が大きく描かれている。淀城の中にも桜が咲き誇り、松、杉などもみえる。城下には草葺き屋根の民家が建ち並んでいる。民家の部分の堤防は板柵で、お城の部分が石垣と淀小橋を境に異なることも興味深い。この屏風と『淀川両岸一覧』の絵とは、ほぼ同じ構図ではあるが、『淀川両岸一覧』には水車が一基しか描かれていない。淀大橋は別の角度から大名行列が橋を渡る情景が描かれており、今となってはわからないが、淀大橋と淀小橋を同時に見ることができる場所は実際にはなかったのかもしれない。

この二橋は、宿場町でもある淀の幹線道路であり、京都や伏見からの旅人は納所から宇治川に架かる淀小橋を渡り、淀の城下町を抜けて、木津川に架かる淀大橋を渡って八幡《やわた》の美豆《みず》へ向かった。淀小橋から淀大橋まで約一キロメートル、わずか二〇分ほどではあるが、都の玄関ともいえる重要な位置づけをもつ橋梁であった。このため、大橋、小橋と城内の水路に架けられた孫橋の三橋は、公儀《こうぎ》橋として幕府の管理下にあった。この公儀橋は、寛永一六（一六三九）年に完成したと『淀下津町記録』にあり、その規模は淀大橋が橋長一三七間（約二七〇メートル）、幅員四間二寸（約八メートル）。淀小橋が橋長七〇間半（一四〇メートル）、幅員三間

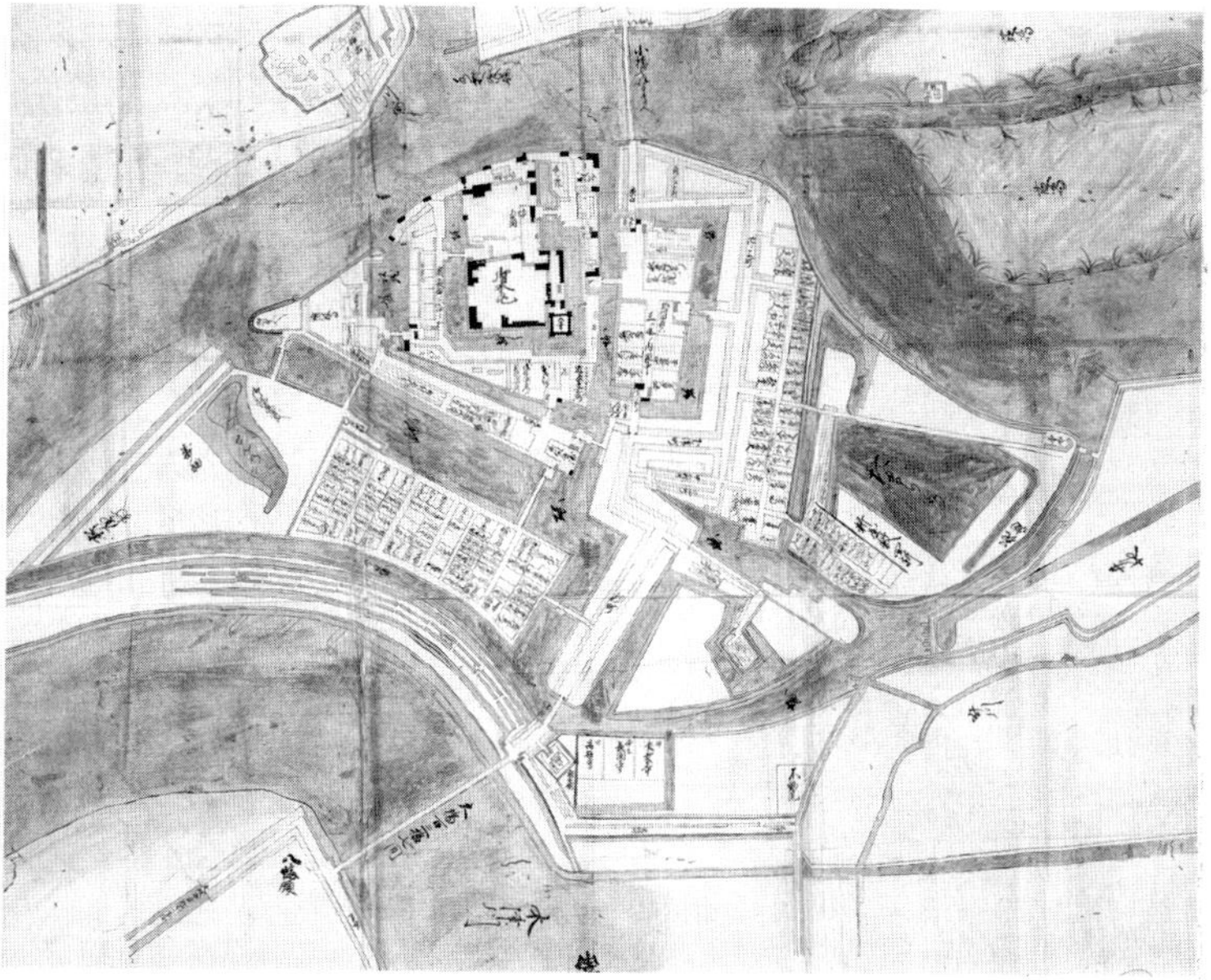

「淀城大絵図」部分（京都大学建築系教室図書室蔵）

五尺五寸（約八メートル）と、いずれも長大な橋であった。また今も当時の場所に架かっている孫橋は、橋長一九間五尺（約四〇メートル）、幅員三間三尺二寸五分（約七メートル）であった。

淀小橋には、鉄灯籠《てつどうろう》が吊され、通船のために終夜灯りがともされていたことが『淀川両岸一覧』に記されており、夜間の景観を考えるうえで興味深い。むろん、淀城が建てられる前にも淀大橋、淀小橋は架けられており、『中井家文書』に元和七（一六二一）年の淀大橋小橋目録が記されている。さらに古い文献に橋の記述を探すと『明徳記』の明徳二（一三九一）年の条に「去程ニ中無大輔ハ淀ノ橋打渡リ」とあり、すでに室町時代に橋があったことがわかる。ただ、豊臣秀吉の巨椋池改修以前は、小島が多くあり二〇〇メートルもの長大な橋は必要なかったと思われる。

この二橋は、川の付け替えや拡幅によってその姿を変えてきた。寛永一四（一六三七）年に木津川の洪水から城下を守るために、木津川の流路を南西に付け替えており、それにともない淀大橋も付け替えられることとなった。明治に入ると京都府と淀藩の共同事業で木津川の付け替えに着手する。水害防止のためである。工事は一八六八（明治元）年から一八七〇年にかけて行われ、木津川は西南西へ流れを変え八幡市の北で淀川と合流することとなった。この工事によって淀城は河川に囲まれた城ではなくなったが、淀はまだ水運の要所としての役割を保っていた。このことは、京都府が一八七五（明治八）年から一八八八年にかけて着手した「淀川修築工事」の目的が、蒸気船による淀川通船であったことからもわかる。この一八七七年の河川改修にともない淀小橋の橋長が二〇間（約三七メートル）延びることとなった。中央には蒸気船が通行できるよう鉄骨のトラス橋が架けられている。

淀の景観を劇的に変えたのは、水害防止の目的で一八九六（明治二九）年に着手された「淀川改良工事」である。伏見の観月橋下流から八幡地域の木津川合流点までの約一〇キロメートルに堤防を築き、桂川を西に動かし、宇治川を淀の南側に付け替えるというものであった。この工事にともない、淀小橋はなくなることとなった。現在、淀小橋のあった場所には府道京都守口線（旧京阪国道）が斜めに横切り、淀小橋の一部を渡ることができる。渡った納所側には「淀小橋旧跡」と刻まれた道標が建てられている。桂川も一五〇間に拡幅されたことで、応和年間（九六一〜九六三年）に創建と伝わる與杼神社も一九〇二（明治三五）年に淀城跡に遷宮された。移設前の神社の跡地は、桂川に架かる宮前橋の中央付近にあった。この改修で水垂町、大下津町《おおしもづ》の民家も移転することとなった。このことによって「水上の城」であった淀は、平安期以前から続いてきた姿を完全に変えることとなった。

当時の面影を求めて史跡を訪ねてみる。淀大橋が架かっていた場所に立つと、木津川が流れていた河床に向けて道路が傾斜しているのがわかる。淀大橋の南側には、古い町屋が建ち並び、その内の一軒である木田醬油店が当時の様子を伝えてくれる。御主人の木田さんによると、江戸時代は酒蔵を営んでおり、造られた酒は舟で信楽《しがらき》（滋賀県）まで運ばれていたという。江戸時代は店の前（東側）に木津川が流れ、今は宇治川が店の北側を流れている。この事実に何とも不思議な感覚におちいる。また、江戸時代から変わらない「孫橋」が淀水路に架かっている。暮らしに必要な小河川であることから当時のままで残ったのであろう。ほかに石碑で残る史跡としては、「淀小橋旧跡」や「唐人雁木旧跡石碑」、「淀川瀬水車旧跡」などがある。淀の中心であった淀城、現在は北側と南側の二面が石垣と堀に囲まれた公園となっている。公園の北側には、前述の與杼神社があり、参拝をするお年寄り、ベンチで休む人びとなど市民の憩いの場となっている。

淀津の歴史をたどると、都の守護地としての一面もあるが、河川によって彩られた町であることがよくわかる。舟運を発展させるために宇治川や巨椋池を整備し、三川を淀に集め、その後、住民を洪水から守るために木津川や宇治川、桂川を動かしている。河川の付け替えによって、淀の景観は大きく変化してきた。それぞれの時代に応じて淀の特徴ともいえる、諸国から往来する舟や水車、橋、天守閣、蒸気船など、淀ならではのランドマークが存在を示してくれる。日々の暮らしに根ざした歴史を伝える文化的景観が重視される昨今ではあるが、淀のように時代に応じて変化してきた景観を、我々はどのように評価するのかを考えなければならない。

（鈴木康久）

参考文献

『上杉本洛中洛外図屛風を見る』小澤弘・川嶋将生著（河出書房新社、1994年）
『巨椋池干拓地のいま』（京都府山城土地改良事務所、1997年）
『鴨川風雅集』生田耕作編（京都書院、1990年）
「鴨川のアメニティ利用に関する二、三の考察——納涼床の変遷を対象として」
牧田通（京都大学工学部土木工学科卒業論文1998年）
『京都　高瀬舟』石田孝喜（思文閣出版、2005年）
『京都市の地名』（平凡社、1979年）
『京都の景観』（京都市、2009年）
『京の鴨川と橋——その歴史と生活』門脇禎二・朝尾直弘（思文閣出版、2001年）
『京の川——文学と歴史を歩く』河野仁昭（白川書院、2000年）
『京の橋ものがたり』松村博（松籟社、1994年）
『京の名所図会を読む』宗政五十緒編（東京堂出版、1998年）
『古都の港　淀納所の歴史』中村富三郎（汐文社、1972年）
『史跡 頼山陽の書斎 山紫水明處』岡田孝男（財団法人頼山陽旧跡保存会、1974年）
『写真で見る京都今昔』菊池昌治（新潮社、1997年）
『資料　京都の歴史』第16巻（京都市、1991年）
『千年の都と鴨川治水』（京都府、2003年）
「高瀬川を下る」鈴木康久（『日本の老舗』274号、2010年）
『日本の水車と文化』前田清志（玉川大学出版部、1992年）
『幕末・維新 彩色の京都』白幡洋三郎（京都新聞出版センター、2004年）
『平安京のくらしと風景』木村茂光編（東京堂出版、1994年）
『水が語る京の暮らし』鈴木康久著（白川書院、2010年）
『都名所図会を読む』宗政五十緒編（東京堂出版、1997年）
『もっと知りたい！　水の都 京都』鈴木康久・大滝裕一・平野圭祐編
（人文書院、2003年）
『淀の歴史と文化』西川幸治編（淀観光協会、1994年）
『淀納所・小史』千金嘉弘（凡雅舎、1990年）
『淀川ものがたり』淀川ガイドブック編集委員会編（廣済堂出版、2007年）
『洛中洛外図 舟木本——町のにぎわいが聞こえる』奥平俊六（小学館、2001年）

あとがき

鴨川の伝承のひとつに、浪花《なにわ》の津（大阪湾）に黄色い船に乗った玉依姫《たまより》が現れ、「この船の留まるところに社殿を建てて、そこの神様を大事にお祀りすれば国土を潤し、庶民に福運を与えん」とお告げがあり、その船が淀川、鴨川をさかのぼり、水の神様で知られる貴船の地で船を留めたとの話がある。この伝承は、平安の昔から淀川・鴨川がひとつの「水の街道」であったことを私たちに教えてくれる。都と淀をつなぐ「水の街道」は、角倉了以《すみのくらりょうい》が高瀬川を開削したことで、従来の鴨川から淀川という流れに、高瀬川から宇治川を経由し淀川につながる新たな流れがくわわることとなった。そして、この水の街道沿いには宿場町が発達し、人びとの営みが育まれてきた。この都から淀までの街道沿いのようすを、江戸後期に刊行された『淀川両岸一覧』を用いて読みといたのが本著である。

江戸時代の絵図には、船や牛馬が荷を運び、旅人が茶屋で一服をする場面に多くの和歌や漢詩が添えられている。そのひとつひとつが当時のようすや歴史を伝えてくれる。江戸時代の最先端の技術であった橋や船、水車などを見て、旅人の驚く様を思い浮かべてみる。現在と江戸時代を比較することで、時の移り変わりを知ることができる。まさに絵図の中から旅人が飛び出してきて、百五十年も前の物語を語り始めてくれる瞬間である。江戸時代の人びとが『淀川両岸一覧』を手に旅をしたように、本著を片手に京の都から淀までの物語を探しに出かけていただければ、これに勝る喜びはない。

最後になるが、本著の執筆に際して御指導・御協力いただいた方々と、本著を世に送りだしてくれた人文書院の伊藤桃子さんにお世話になったことに感謝を申しあげたい。

二〇一一年 早春

鈴木康久

執筆者略歴(50音順)

★印は編者

西野由紀（にしの・ゆき）★
1971年大阪府生まれ。愛知淑徳大学常勤講師。専門は日本近世文学、情報出版学、図像解釈学。『京都名所図会 絵解き案内』（共著、小学館、1997年）、『都名所図会を読む』（編著、東京堂出版、1997年）、「鏡の中の鼻――『名所図会』の挿絵に美人はいるか」（『國文學論叢』第50輯、龍谷大学國文學會、2005年）、「先達はあらまほしき――『名所図会』と旅人」（『國文學論叢』第52輯、龍谷大学國文學會、2007年）、『京都宇治川探訪』（編著、人文書院、2007年）など。

鈴木康久（すずき・みちひさ）★
1960年京都府生れ。水文化研究家、京都府職員、京都府立大学大学院非常勤講師。カッパ研究会世話人。琵琶湖・淀川流域圏連携交流会代表幹事など。『もっと知りたい！ 水の都　京都』（編著、人文書院、2003年、「イギリスの農村地域における景観・自然保護施策」（『農業と経済』2006年5月号）、『京都宇治川探訪』（編著、人文書院、2007年）、「食の講座（共著、コープ出版、2008年）、『水が語る京の暮らし』（白川書院、2010年）など。

◆

大滝裕一（おおたき・ゆういち）
1959年京都府生まれ。京都府職員。カッパ研究会世話人。『もっと知りたい！ 水の都　京都』（編著、人文書院、2003年）、『京都地名検証』（共著、勉誠出版、2005年）、『京都地名検証2』（共著、勉誠出版、2007年）、『京都宇治川探訪』（共著、人文書院、2007年）など。

平野圭祐（ひらの・けいすけ）
1970年京都市生まれ。1996年毎日新聞社入社。横浜、京都支局記者を経て、2004年朝日新聞社入社。金沢総局、大阪本社社会部の記者を経て、企画事業本部大阪企画事業部員。『京都水ものがたり――平安京一二〇〇年を歩く』（淡交社、2003年）、『もっと知りたい！ 水の都　京都』（編著、人文書院、2003年）。京都をテーマにしたエッセーを雑誌や専門誌に執筆するほか、講演やシンポジウム、ラジオ番組にも多数出演。「国宝　阿修羅展」をきっかけに誕生した奈良・興福寺の「阿修羅ファンクラブ」事務局長も務める。

◆

（Ⅱ章　写真）
尾栢紀孝（おがや・のりたか）
1941年福井県生まれ、名古屋市在住。フォトクラブ「華陽」所属。主にネーチュアな風景写真を撮っている。『京都宇治川探訪』（写真、人文書院、2007年）。

京都《きょうと》　鴨川探訪《かもがわたんぼう》
——絵図《えず》でよみとく文化《ぶんか》と景観《けいかん》

二〇一一年二月二〇日　初版第1刷印刷
二〇一一年三月一日　初版第1刷発行

編　者　西野由紀／鈴木康久

発行者　渡辺博史
発行所　人文書院
〒612-8447　京都市伏見区竹田西内畑町9
電話　075-603-1344　振替　01000-8-1103

制作協力　㈱桜風舎
装　丁　上野かおる
印　刷　創栄図書印刷株式会社
製　本　坂井製本所
©Jimbunshoin, 2011 Printed in Japan
ISBN978-4-409-54079-4 C1039

落丁・乱丁は小社負担にてお取替えいたします。
http://www.jimbunshoin.co.jp/

R〈日本複写権センター委託出版物〉
本書の全部または一部を無断で複写複製（コピー）することは，著作権法上の例外を除き禁じられています。本書からの複写を希望される場合は，日本複写権センター（03-3401-2382）にご連絡ください。

人文書院の好評書

京都人権歴史紀行
京都人権問題研究センター編／上田正昭監修
市内・府域に残る人権にゆかりの場所や事柄、人びとをたずね、先人の築いた業績を学び考える。写真と地図を収めたガイド・ブック。
1500円

京の旨みを解剖する
田中國介
松井　裕　編
美味しさの秘密を科学的に徹底解剖。懐石料理、七味唐辛子、日本酒、緑茶、湯葉、豆腐、米。京の食材や味の特徴から調理法まで。
1600円

京都観光学のススメ
井口和起
上田純一
野田浩資
宗田好史
なぜ人は京都に来るのか。〈京都〉と〈観光〉のつながりを、社会と歴史の視点から見つめ、これからの観光の課題と未来を考える。
1600円

京都宇治川探訪
絵図でよみとく文化と景観
鈴木康久
西野由紀　編
かつての眺望や名所・旧跡、名物の様子を、江戸時代の旅行ガイドを手にたどってみよう。『宇治川両岸一覧』よりカラー図版全点掲載。
2300円

吉野裕子全集
全十二巻
日本民俗学に新たな道を切り拓いた吉野裕子の全既刊本のほか単行本未収録の主要論考を十二巻に配する。二〇〇七年一月より刊行開始。
各3000円

価格（税抜）は二〇一一年二月末現在のものです。